谭伯牛 【作品】

晚清篇

民主与建设出版社
·北京·

©民主与建设出版社，2018

图书在版编目（CIP）数据

牛史.晚清篇/谭伯牛著.— 北京:民主与建设出版社,2018.8
ISBN 978-7-5139-1948-7

Ⅰ.①牛… Ⅱ.①谭… Ⅲ.①中国历史—清后期—通俗读物 Ⅳ.①K209

中国版本图书馆CIP数据核字（2018）第025340号

牛史·晚清篇
NIUSHI WANQING PIAN

出 版 人	李声笑
著　　者	谭伯牛
出 品 人	一　航
出版统筹	康天毅　李　丹
责任编辑	郭长岭
特约编辑	何宙樯　李　丹
封面设计	壹　诺
出版发行	民主与建设出版社有限责任公司
电　　话	（010）59417747　59419778
地　　址	北京市海淀区西三环中路10号望海楼E座7层
邮　　编	100142
印　　刷	三河市文通印刷包装有限公司
版　　次	2018年10月第1版
印　　次	2018年10月第1次印刷
开　　本	700mm×980mm　1/16
印　　张	16.25
字　　数	206千字
书　　号	ISBN 978-7-5139-1948-7
定　　价	48.00元

注：如有印、装质量问题，请与出版社联系。

目录

第一卷 万马齐喑（1851—1872）

国难初兴，哀鸿遍野，此亦英豪辈出的时代。

世态·一

广州共治话汉奸 _002

广东"流亡政府"的"恐怖主义" _007

大英帝国的老朋友 _011

磕头这种病（一） _013

磕头这种病（二） _015

曾文正遇上武歪公 _017

暗而难知穆彰阿 _021

军机处里偷金印 _024

为琦善点个赞 _026

"党援"肃顺 _030

畅销书作家汤鹏 _034

奇人钱江 _038

吾家就是翰林院 _040

想赚三千两 _042

"天下第一"周沐润 _044

侗愿而坚邹汉勋 _046

小庙拿神陆秉枢 _048

花国状元江若兰 _050

天国臆想集

太平兵法 _055

谜之女馆 _057

太平军里的"湘军" _059

湘军众生相

"专业鉴人师"陈士杰 _062

重情重义大师兄 _064

桃花晚景李士棻 _067

彭玉麟的婚外恋 _070

胡林翼的"办公室政治" _073

大丈夫能哭能升 _075

主角与配角 _077

毕竟战功谁第一 _081

脸谱·曾国藩

曾国藩的书单 _083

曾文正公吐槽录 _086

中堂大人真有"皇帝梦"？_093

老曾的痞子腔 _095

重婚罪 _098

难言之隐 _101

脸谱·咸丰

谁要跟朕抢骨头？_103

"且乐道人"与地行仙 _105

皇帝策划的"被捐款"_108

第二卷 一江春水 (1873—1895)

大乱初定，咸与洋务，此乃扯旗扬帆的希冀之世。

世态·二

记名提督王总兵 _112

浊世清心杨昌浚 _114

官界佛子李瀚章 _116

曾侯爵的英文名 _118

郭嵩焘的性格与命运 _120

两个文青的吐槽记忆 _124

与人斗，天变不足畏 _127
栗大王的"恩太太" _130
黄粱一梦"真人秀" _132
圆明园外那个走衰运的李老板 _135
从太监到"权奸" _138
河东狮吼汪士铎 _142
郭嵩焘离婚未遂案 _144
"情场网红"王闿运 _149
总督与巡抚的"宫斗解密" _153

脸谱·左宗棠

左宗棠的"美容"事故 _157
骂出个未来 _160
军机处的大话痨 _163
左相大事不糊涂 _165
左三爹轶事 _167

脸谱·李鸿章

李鸿章代笔事件 _169
中堂的主考梦 _173
君子动口又动手 _175
小李那鲜为人知的B面 _177

世态·三

张之洞的"难言之隐" _180

杨夫子的那些荒唐事 _182

父母违制　老公非礼 _184

社交魔鬼 _186

自学而成的理工男 _188

可比古人黄天霸 _190

一篇小说引发的绯色事件 _192

可怜谢道韫 _196

扇你一巴掌（一）_199

扇你一巴掌（二）_201

汪兆铭的明媚与深沉（一）_203

汪兆铭的明媚与深沉（二）_208

多活了一百零五天 _212

张荫麟的幸与不幸 _215

革命中的传媒话术 _219

脸谱·光绪

光绪为何着急？_223

载湉的最后一日 _225

第三卷 直捣黄龙（1896—1911）

孤注一掷，绝地反击，此乃百年来未有之变局。

第四卷 番外

睁开双眼看世界，
借人慧眼省自身。

赫德，行走在广州 _230

关于磕头的原罪解读 _236

日本间谍"洗白录" _239

十三行里的"老朋友" _242

"美人"小白的激荡人生 _244

火烧圆明园 _248

第一卷

万马齐喑

国难初兴,哀鸿遍野,此亦英豪辈出的时代

1851–1872

世态·一

广州共治话汉奸

叶名琛无好名声

咸丰八年（1858年）的广州，已非清廷控制的广州，而是外国"代管"的广州。

广州是中英《南京条约》划定的"通商口岸"，但是，这份条约的中、英文本有个显著的区别。中文本允许一般英国人居住"港口"，只有官员才能进驻"城邑"；而英文本则谓不论官民，凡为英国人均得入住"城邑"，也就是说，任何英国人皆有权进入广州长期居住。同时，法、美等国也签订了类似条约，其国人亦有权在广州长期居住。由于文本差异，清方与外国长期争论不已，最终演变为一场战争——此亦史称第二次鸦片战争的一部分。

咸丰七年（1857年）十一月十四日，"广州这座高二丈三尺宽一丈八尺周长十九里多的华南名城,只经过一天多的战斗就陷落了"。然而,攻入广州的英法联军,总计不过万人,"如何统治这座不屈的城市,如何对付成百万广州及其近郊的不屈的人民",这是一个问题。

城陷时,身在广州的清方高级官员有总督叶名琛、将军穆克德讷、巡抚柏贵、布政使江国霖与按察使周起滨。叶名琛(1807—1859)与其他高官皆于侵略军入城后被抓捕,然而,只有他一个人被流放至印度,客死异国。因为在广州入城问题上坚持"不战不和不守,不死不降不走"的方针——严格地说,这并不是叶名琛自订的方针,而是当时舆论对他的误解——他不仅被清廷唾弃,也为侵略军所痛恨,更成为谈史者的笑柄。

但是,据当时的《香港日报》评论,广州陷落后,英法联军在如何统治这座城市方面碰到最棘手的问题,竟是"叶名琛的威望是否仍然使广州人怀念他"?这位"勇敢、果断"的总督,极有可能成为抵抗组织借以号召民众的象征符号。因此,为了保证"善后"工作顺利开展,"必须把叶名琛的名声搞臭"。同时,英国驻华公使额尔金(1811—1863)也担心"叶名琛留在广州会使人心不稳,给重新恢复秩序和信心带来困难"。

一个阶下囚,竟有如此影响力,不得不令人反思叶名琛在他所处的时代究竟是何种形象,是否真如前揭民谣所描绘的那么不堪。正是基于这种反思,澳大利亚学者黄宇和经过深入细致的考察,认为叶名琛的漫画式形象并非真实的历史写照,"仅仅因为叶名琛最后是失败了,所以他同包令(1792—1872,时任香港总督,也是叶名琛在'夷务'方面的对手)共同具有的这种气质('头脑清醒,沉着冷静'),就被歪曲得无以复加,使他受万众唾骂"。不过,说明成王败寇的道理,兼为叶名琛洗冤,并非本文的主旨,想了解更多的朋友可以参看黄著《两广总督叶名琛》。所以,在此提及他的冤情,是为了反映英法联军治理广州的困难。

汉奸须论资格

叶名琛既然对广州人具有影响力，不妨将他送至国外软禁。然而，送走他以后，仅凭英、法两国之人，仍然"无力统治广州城"，联军指挥官相信，"只有中国人的机构才能维持秩序"。也就是说，只有让叶名琛的同僚——巡抚、将军等人——出面安抚民众，才能稳定局势。

额尔金明言，"没有柏贵的协助，企图管理广州是困难的""假如柏贵被（清廷）撤职或是受到（联军）虐待，所有下级官员非常可能弃职逃亡""我们将在没有任何行政机构的情况下管理一个数十万居民的城市，而且几乎无法与居民对话（当时只有三个翻译）"，因此，必须控制柏贵，"使他成为我们手中无足轻重的工具，又不损害他在人民心目中的威信"。这一番话，是殖民主义者的心声，也是设立傀儡政府的宗旨。这个傀儡政府的治理架构，正是遵循这个宗旨而建立起来。简言之，即在"广州联军委员会"的严密监管下，由巡抚衙门出面，处置广州的日常事务。

额哲忒·柏贵（？—1859），蒙古正黄旗人，起家知县，自咸丰二年（1852年）任广东巡抚。他与总督叶名琛的关系，就像清史上绝大多数同城督抚一样，钩心斗角，面和心异。及至大难临头，各走一边，遂是自然而然的事。叶名琛在联军入城后，犹未"屈服"，认为"讲和""或给以银钱""都无不可""独进城一节断不可许"；仍然一厢情愿，望联军在获得赔偿后退出城外。让不让外国人入城是原则问题（基于《南京条约》中文本），赔款只是经济问题，孰轻孰重，叶名琛自认拿捏得准。柏贵不然，他不管原则，只关心如何解决目前的尴尬。以此，联军入城次日，他就与广州将军联名发布安民告示，"明言两国议和，不必惊慌"。

对联军来说，他们也要坚持原则（《南京条约》英文本），是否入城根本不容再行讨论，何况大军业已入城，以此，他们认定柏贵是一个合适的合作对象，并在这个认知的基础上，提出与柏贵进行"实质性"合作的四项原则。

四项原则是：第一，联军组织一个委员会，驻留巡抚衙门，派出若干巡逻部队,"协助"维持广州治安。第二,在联军控制地区以外(实谓广州以外,广东以内),凡有案件涉及外国人,俱应由委员会负责处置;在联军控制地区以内,则不论何种案件,均按军法处置("杀无赦")。第三,未经委员会加盖印信,巡抚无权颁布任何布告,不论用官衔还是私人名义。第四,巡抚速令广州城内所有清军缴械。

汉奸第一人

柏贵接受了英法联军的四项合作原则,于是,咸丰七年(1857年)十一月二十五日,即广州城陷后第十一天,在惠爱坊巡抚衙门(今人民公园与广州市政府所在地)召开了傀儡政府成立大会。会上,额尔金宣布:第一,联军占领广州,直至与清廷达成协议,再将广州交还清国;第二,任何企图以武力或欺骗来扰乱局面者,不论唆使与肇事,俱将受到严惩。接下来是法国驻华公使葛罗发言,大旨与额尔金相同。最后,柏贵发言,做出了"令人满意的答词"。

同日,"广州联军委员会"亦告成立。委员会由三人组成,故又称"广州三人委员会"。三人是英国驻广州领事巴夏礼、英国上校柯露辉与法国海军上校马殿邦。两位军人是英、法侵略军的指挥官,不谙华语,亦不懂行政。巴夏礼自幼居中国,于汉语之听说读写,样样精通,道光二十三年(1843年)曾拜两广总督耆英为"义父"。他"机警勤密,有口辩,诸酋中最称桀黠",是当之无愧的"中国通"。因此,所谓三人委员会,其实就是巴夏礼一个人的委员会,时人称"他简直就是广州的总督",洵非虚誉。

凡欲殖民,光有侵略军的"中国通"还不够,得有土产汉奸配合才能做成好事。在这种局面下,认柏贵为汉奸,自是不错,尽管他是满人。然而,具体与外人沟通,事事亲力亲为,却非柏贵,而另有其人。一般认为,广州十三行中的怡和行第四世浩官(伍崇曜),在此期间交接西人,上下其手,做了不少辱国失格的事。

但是，他是一个商人，既无守土之责，亦无殉国的义务，论其资格，欲做"汉奸"，欲行"卖国"，实不够格。况且，当侵略军入城，崇曜"亲见酋长，责以大义，凶威稍戢，西关闾阎幸免灰劫"云云，他竟为广州人民做了大好事。

因此，我们要找出一个合适的汉奸代表，而代表资格认定，首要条件得是此人具有官方身份。据时任南海知县华廷杰指证，前任肇庆知府现为候补道的蔡振武，才是不打折扣的汉奸。

傀儡政府其他官员迫于兵威，迫于生计，纵不敢与外国人相抗，但也尽量做到相对时"默无一语"，唯振武"素以才辩自居，颇与洋酋酬答""随机应对，即洋酋亦喜形于色，一见如旧相识"，柏贵有鉴于此，乃委任振武"专办洋务"。（按，"洋酋"谓巴夏礼，而"专办洋务"四字，在当时士大夫说来，即汉奸的代称。）以今人的判断，办洋务，与外国人谈事儿，跟汉不汉奸有何干系？这确是当时士大夫的偏见。

广东"流亡政府"的"恐怖主义"

"义勇军"组建

在非常局势下如何生存、如何反击,才是当务之急。于是,产生了组建"义勇军"的构想。

构想是这样的。布政使江国霖、按察使周起滨与番禺知县李福泰赴惠州,组织惠、潮义勇,为东路军;盐运使龄椿、督粮道王增谦与南海知县华廷杰赴佛山,号召肇庆等地义勇,为西路军。

既欲建军,首要之事在于筹饷。诸人算账:当时广州政府在金融业的投资,可以迅即收回的有十四万两;东莞、顺德等县存谷十余万石,折算银价,可得小十万两;盐、粮等部门存留现金亦有十万两;三项"综计,可定三十万"之数。此外,随着战事进行,尚可发行"公债",保证"源源接济"。

有了钱,还得有人。江、周等在职官吏不能公然出面领导义军。因为巡抚既与侵略军"共治"广州,朝廷亦未对英、法宣战,则中外"议和"仍有一线可能,倘若地方官贸然行动,导致局面进一步恶化——譬如英法增兵全面侵略中国——谁能担此重责?以此,须挑选合适的"绅士",让他们指挥军事,其时,在籍侍郎罗惇衍、太常寺卿龙元僖、工科给事中苏廷魁诸人,与中央有联系，在地方有威望，顺理成章成为义军领袖。而实际作战，则以林福盛之香山勇、邓安邦与何仁山之东莞勇及陈桂籍之新安勇为主力，其后，诸勇联合起来，组成广东团练总局，以花县为指挥中心。

人财俱备，然后制定战略，简言之，即"先礼后兵"四个字。首先集合五万大军，驻扎在广州西北，"振作军威""按兵勿战"；随后派翻译入城，与敌军商议"退城条约"，敌军同意，皆大欢喜，倘不同意，则不惜一战。战，以前述林、邓、何、陈所带之勇为主力，约一万人，强行攻城，并安排"死士"埋伏城内，以期"内外夹攻"。

定计的主角，是南海知县华廷杰。当时巡抚柏贵虽是傀儡政府名义负责人，其实被英法联军软禁在抚署，不能与外交通，而布政、按察等高阶官员，或被洋人控制，或已逃出省城。留下来的官员，且行动稍能自主，以官秩论，则只有华廷杰与李福泰两位知县能做首领了，他们也当仁不让，互相勉励："留则隐忍偷生，事易，去则经营克复，事难""此后卧薪尝胆，不济则以死继之"。

"流亡政府"的成立始末

广东团练总局必须接受更高一级政治机构的节制，这个政治机构，就是由钦差大臣黄宗汉领导的"流亡政府"。在本国领土设立地方政府，固然不能称为流亡政府，然在省会以外设立省级领导机关，则称为流亡政府就不算过分了。

宗汉在广州陷落、叶名琛被俘虏后，经清文宗任命为两广总督，自北京出发，赶赴广东。临行前，文宗接见宗汉十数次，面授机宜，据宗汉透露，这个锦囊妙计是八个字，曰："用民剿夷，官为调停。"略为解释，即"（广东）百姓发出义愤，与他（按，谓英法联军）为仇，于钦差未到以前，先打一大仗"，令洋人尝到苦头，然后，钦差出面，"与之讲情讲理，或稍施惠（按，即赔款）""以作圆场"。这个算盘打得不错，只是，人在途中，广东局面已变。

百姓虽经团练，究非正规军队，难与敌军抗衡。再者，前述筹饷之事，全盘落空。政府资金被联军冻结，未能如愿提出；发行"公债"，民间捐款，则毫不乐观，因为，"民情初闻剿办外人，似颇欢欣鼓舞，及临时又多退缩"。细审之，捐款无多，并非人民不爱国，而是人民爱国得有个说头。现在，一没有朝廷对外宣战的圣旨，二无广东官方的公告，人民怎会稀里糊涂拿出私房钱，交给身份不明的"局绅""练首"？谁知道官老爷拿这钱，是去买了军火，还是抽了鸦片？所谓"古今天下，人情皆然"也。

宗汉不是庸吏，他明白，要组织百姓起来爱国，最要紧是跟百姓讲真话，政府不能首鼠两端，明里议和，暗里交战，其间，却拿百姓的钱不当钱、命不当命，百姓不傻。因此，要让百姓捐钱出力，"若非广为提倡，恐鼓舞不起"。今既身为钦差，"提倡""鼓舞"之事，只能由宗汉挑头来做了。但是，宗汉真去做了，那么局面就变成"官率百姓与夷战矣，非出诸民间公愤也"，既能战胜，洋人亦"必泄愤于四口（按，谓福州、厦门、宁波、上海四个通商口岸）"，甚而危及天津、北京。届时，皇帝怪罪下来，区区一个钦差，又如何受得住？

然而，不做，则民气抑郁，官威不申，国格大损，也会遭到皇帝的痛斥。前任两广总督，"浪战"如林则徐，受了处分；"不战"如叶名琛，也受了处分。宗汉找来找去，竟找不到榜样，彷徨无地，不知计将安出，回首平生，"不知造多少孽，故贬至此遥遥万里，想起来泪涔涔下"。

哭完了，还得继续干活，黄宗汉终于在抵粤前最后一刻想出"奇"招："只好官与绅民貌离而神合，暗中与绅民时刻通信。外面仍是绅民为一局，是主战者；官长为一局，是圆通者。且看天津举动何如"（其时，英、法与清廷在天津谈判）。

所谓"貌离而神合"，即：从总督衙门出来的片言只语，丝毫不能与夺回广州有关，更别说鼓动百姓捐钱出战；但是，私底下，应由总督衙门指挥夺回广州的战役，尤应提供经济支持。

事也凑巧，时当太平天国战争进行得如火如荼之际，主战场虽不在广东，但广东与广西、湖南、江西接壤地方（西江、北江流域），时有战事发生，两广总督作为地方军事最高指挥官，可以名正言顺为广东"防堵"而练兵筹饷。于是，宗汉一到广东，即"长篇告示"，号召百姓"团练捐输"，名义上抵抗"发逆"，实则为"剿夷"提供支持。同时，"暗中与绅民时刻通信"，尽量让百姓知道这是为夺回广州做准备。这么做，效果不错，不二月，即收得数十万两银子，有力支持了义军。

两广总督例驻广州，宗汉此行驻节惠州，乃破例。今广州被占，巡抚率部仍居城内，其人亦未被清廷革职，然而，朝野上下都知道这是傀儡政府，只是不能明言而已。宗汉既是钦差，必然不能跟傀儡政府扯上丝毫纠葛，用他的话说，"上省则是投降"，所以，广州是万万不能去的。不仅不能去广州开署办公，就是与洋人谈判，亦不能将会议地点定在广州。

联军委员会曾有意将宗汉接入广州，宗汉闻信，下定决心，避不见面。联军又放出话来，说，"若不见他（按，谓'洋酋'）而跑至潮州，伊即追至潮州，跑至福建（宗汉是福建晋江人），即追至福建，总要拿到火轮船上"。宗汉咬紧牙根，"拿定主意"，坚决"不动"，倘若洋酋非要强行挟持，则"将毒药带在身"，总要"死在惠城"，不能"死伊船中""再不与叶中堂（名琛）为偶也"。然而，联军终未践约，宗汉空抱死志，未能殉国，"天不成我此节""奇哉"可惜也。

"流亡政府"成立了（黄宗汉未到之先，则以广东团练总局为临时指挥机构），"义勇军"组成了，为期一年之久的广东人民反侵略斗争也就拉开了帷幕。当然，对躬逢其盛的赫德来说，这种斗争不过是在阴险狡诈的官绅唆使下，由愚昧的民众实施的"恐怖主义行动"。

大英帝国的老朋友

英法联军占领广州后，查抄总督、巡抚与其他衙门的档案，看到一份办理"夷务"的密奏，发现有个中国老朋友一直在忽悠他们。于是，当英国代表与清廷在天津谈判，看到这位老朋友觍颜出现在会场时，不由大怒，拒绝与他交谈，并声明他若在场，将中止谈判。清方代表无奈，只得奏请这位同僚回京，以保全和局。

这位狡猾的中国老朋友，就是耆英（1787—1858）。他出身于世代簪缨之家（宗室正蓝旗，其父禄康为东阁大学士），自己也官运亨通［道光二十八年（1848年），擢文渊阁大学士，赐紫禁城乘舆］，鸦片战争期间，先后任钦差大臣兼两广总督，文渊阁大学士，是中国近代史开场演出的重要角色。

在两广任上，耆英与英国人相处可以称得上"融洽"二字。19世纪40年代末期，几名英国商人从中国购买一艘平底帆船——其实是清朝的军舰，驶往伦敦，这艘船被命名为"耆英号"（Keying）；从此可知耆大人在中英友好关系里的地位。

而在1843年夏天访问刚刚被割让给英国的香港时，耆英的风度给英国友人留下深刻的印象。

港督德庇时与驻港英军司令为他举办了盛大宴会，耆英在会上说："我以清朝武士的信仰发誓，只要对中国外交还有发言权，两国的和平繁荣将永远是我最大的愿望。"经过连续几天的观察，英国记者发现清朝官员并非都是呆板、愚昧与不苟言笑的人，他们还有另一面："耆英和蔼可亲，富有幽默感，高超的外交技巧与良好的教养，几乎无人出其右。他在宴会上谈笑风生，但又极有分寸。"

耆英特别喜欢在宴会上唱歌。驻港英军海军司令官请他吃饭，退席前，他"主动唱了一首充满激情的满文歌曲"。次日，耆英设宴答谢英国朋友，"每喝掉一杯酒，他都会敲打手链，大喊一声'好'"。当双方起立"为英国女王和中国皇帝干杯"完毕，"耆英邀请香港总督唱一首歌，其条件就是他自己也唱一首。后来他果然一展歌喉，而且唱得还真不错，并跟大家一起鼓掌，以示谢意"。不能不为耆大人的热情所感染，接下来，除了香港总督，包括司令、大法官在内的多名英方友人"也都表演了歌唱"。

只是，十几年后，英国人发现在档案里的耆英，仍然只是一个保守、强硬乃至恶毒的清朝官员。他们并不奢望他在奏折里为英国说好话，然而发现他在奏折里传达的英方信息或是有意误导，或是隐匿不报，且凭空添出不少对英方人士的人身攻击，尤其要命的是，关于允许外国人进入广州一事，他曾当面对英方承诺了日期，而在给皇帝的报告里他却一字不提。

咸丰八年（1858年）五月，眼看再不清算耆英的旧账，则谈判进行不下去，英国人不仅占领广州，还要攻打天津，清文宗乃下旨赐耆英自尽，暂且安慰他那些受到伤害的英国朋友。

磕头这种病（一）

光绪十年（1884年）六月二十六日，是清德宗的"圣诞"，满朝大臣在乾清宫跪倒一地，齐祝万寿圣节。大学士左宗棠"秩居文职首列"，固应做好表率，行礼如仪，只是，七十三岁的他，腰腿已不灵便，实在经不住跪拜逾刻的仪式，遂致失礼。礼部尚书延煦据此纠参，上了一折，请太后与皇帝惩罚这个无礼老臣。

只是，延煦的折子下笔极重，说宗棠"不由进士出身"，虽经帝后破格施恩，授以大学士，他却不但不知感恩，反而日益骄慢，以致"蔑礼不臣"。"不臣"二字，隐有造反之义，可不能随便说，一旦说出来，则要么深究宗棠不臣的实迹，要么反诉延煦的诽谤，其间绝无妥协的办法。

慈禧太后接到参折，觉得不好处理。她不信宗棠真能"不臣"，对延煦的小题大做有些恼火，可是大不敬的事情已经发生了，也不好随便放过。于是，与小叔子恭王商量。她问了个技术问题：既然事关礼仪，为何不用礼部名义，而用延煦个人名义（"单衔"）参劾？恭王一听，就明白嫂子不想穷究此事，赶紧顺着意思说"为保全勋臣计"，建议此折"留中"（不公开），以免掀起波澜，而对宗棠仅施薄惩就够了。太后要的就是这个效果，表示照办。

不过，还有一位小叔子，同时也是太后的妹夫，皇帝的生父——醇亲王，对此不敢苟同，大表愤怒，反参了延煦一折。他说，延煦不能就事论事，而是"饰词倾轧，殊属荒谬"。太后对宗棠的劳苦功高，固然早已"洞烛"，平日也能体恤老臣，常示优容，不致因此"摇动"对宗棠的信任，但是，将来皇帝亲政，恐怕不能如此明戏，一旦因此误会三朝勋旧，则是"此风一开，流弊滋大"。他这话的意思，就是说不能让延煦这样的佞人肆意胡说，离间君臣，必须严肃处理，以儆效尤。

慈禧再次略感头疼。延煦也不是什么佞人，而是当时满族大臣中少有的直臣——未来他还对慈禧犯颜直谏，逼她去慈安太后的坟前磕头——尽管这次参劾稍嫌过分，可要说延煦"倾轧"，她也不敢信从。然而双方都在上纲上线，不可调和，除了各打五十大板，似已再无办法。于是，七月中上谕，左宗棠罚俸一年，延煦革职留任。

仔细衡量，延煦所受处罚还要重一点儿。或曰，最重要的原因是历代太后垂帘，从来没有"戡乱万里外者"，只有慈禧可以"自负武功之盛"，在排行榜上稳居前茅，而之所以取得这份成绩单，则多亏了左宗棠在西域的战胜，因此，慈禧对宗棠这副隐形的翅膀抱有感恩的心，不愿轻易被人污损。对延煦的板子打得重一点儿，也是预先警告其他不尊重左宗棠的人。

自此，虽然七十老翁还会说一些昏话，做一些糊涂事，而"朝臣无敢论宗棠者"。

磕头这种病（二）

刘愚，字庸夫，江西安福人，身高腿长，"目烂烂如岩下电"，且"纵论悬河不竭"，自号"天下第一愚人"。

咸丰五年（1855年）正月十日，学政廉兆纶到安福县试士，刘愚头场已过，正写第二场的卷子，写到一半，突然想到大江南北都有"贼踪"，而官贪将懦，国事大坏，不由得心绪大恶，遂扔掉题纸，写了一首《定安策》，畅论时局，谓"今天下之事，有可恨者三"：第一，地方官多设名目，"重敛浮征"，差役上下其手，民不聊生；第二，文臣武将，俱是要钱怕死的人，"官方之坏，莫此为甚"；第三，官兵无法抵挡太平军，却又不真心支持团练，进不能攻，退不能守，眼见全面崩溃，国将不国。临末，说局势如此危急，得亏还有一件"可幸"的事，可以挽狂澜于既倒，那就是我刘某人还保持清醒，请学政大人速向中央报告我的建策，以救民于水火。草稿毕，刘愚还在卷尾标注了家庭住址，生怕学政找不到这位建言献策的热血书生。

廉大人阅卷大怒，贴出大字报，谴责狂生刘某"不遵功令照题作文，而上策妄谈时事"，声称要请地方官"传讯惩办"。安福县属吉安府，知府陈宗元闻讯传见刘愚，详细了解他的工作、生活与学习情况后，不仅不责怪他，竟说这位二十出头的年轻人是"强项好男子"，遂又向学政卖个面子，请勿追究。

刘愚逃过一劫，不致因此被开除学籍，然而自此对科举事业灰了心，不久，便去章门投效援赣的湘军，经理学朋友刘蓉介绍，进了罗泽南的幕府。后，罗军驰援湖北，他又转投曾国藩大营，并拜曾幕中的郭嵩焘、吴嘉宾为师。刘愚既号"天下第一愚人"，当然有他愚不可及的地方，那就是"所至辄上书，不得志辄引去"。曾国藩虽然度量见识超过廉兆纶，可也受不了这位聒聒不休的年轻下属，而且，不能像对其他晚辈一样施以调教，因为他是"气激而有言，不能自遏，人亦莫能遏之"。于是，数年后为他保了个补用同知，分发四川，请另谋高就。

四川布政使是王德固，需次人员要入职都得找他，可他的特点是"倦于接属"，以至有需次人员在成都混了几年也没能见到这位上官。刘愚也等了三年才被接见。照当时的规矩，属吏见长官，须行跪拜礼，长官答礼，也要跪拜。刘愚进了布政使司，二话不说，倒地便拜，连磕了几十个头，王德固没明白怎么回事，只好陪着磕头如数。总算站起来不磕了，王德固才要问刚才算怎么回事，却没等开口，刘愚俯身引手，请他走向窗户，二人在窗前站定，刘愚谛视王德固的面容，足足有几分钟，才说，请大人归座。

王德固入仕三十余年，不是没见过世面，心下以为这个下属许是患了癫痫，不妨恕他无罪，乃从容问曰："您有病吗（君有疾耶）？"刘愚没有反问你有药吗，而是诚恳地说，刚才那顿磕，大人不问，卑职也要解释清楚。卑职到省以来，已经三年没见到大人，而每年三节两生，照例应行三叩首之礼，却没机会向大人祝贺，因此，今日一见，卑职就把这三年的礼全给补上了，还请大人笑纳。至于为什么磕完头还要端详尊容，请想一想，人的一生究竟有几个三年，今日一见之后，未来大人或高升，卑职或迁调，此生极可能"无缘再见"，因此，卑职一定要将大人看仔细，以便日后有人问及尊容，卑职"或能道出风度于万一也"。

时为同治末年，他的仕途至此为止。后来，刘愚自费出版了文集《醒予山房文存》，卷首就是那篇《定安策》。

曾文正遇上武歪公

钱钟书记陈衍语，谓："陈柱尊人尚好学，下笔亦快，惟大言不惭，尝与予言，其诗有意于李杜苏黄外别树一帜，余笑而存之。"钟书对曰："柱尊真可当土匪名士之号。"衍曰："品题极切（《石语》）。"

"土匪名士"这个外号的版权，可能属于曾国藩。朱克敬《瞑庵二识》卷一："曾文正公督两江时，有何太史者，记闻极博，下笔千言而无理法，曾公尝称为土匪名士。"

这个"何太史"，似指何应祺。唯清人惯称翰林为太史，而应祺未入翰林，不应有太史之称。然而，自"下笔千言而无理法"论，应祺又特别合格。

李慈铭论应祺之文，尝谓："颇以古文自负，而不知学。文亦颇有笔力，惜用字无根柢，多不如法。"（光绪八年正月初四日记）前辈蒋琦龄的品评，则不一样，他说："世之传者，不皆桐城之派，新城之法，而世之为桐城、新城者，不卒皆传也。大作开张精美，根底之深又原于性情之厚，无意于工，自无不工，所谓言有物者也，岂犹以音律体例自歉耶。"（蒋琦龄《空青水碧斋文集》卷六《答何镜海观察书》）其实二人说的是同一种现象。

至于应祺自我批评，也曾响应"下笔千言而无理法"的指责。他为湘军名将王鑫撰写家传，洋洋数千言，文末自记，云：

> 自桐城派盛，记叙之文好言剪裁，每蹈削事就文之弊，实则掩其力之不足耳。近人每见大篇，辄诮为冗长，不知其气劲，其笔遒，固不得以字数多寡相訾謷。此传所叙近百余战，无一雷同处，鄙意欲矫时弊，特恨力有未逮耳。（《守默斋杂著·王壮武公传》）

显然，应祺不是专栏编辑喜欢的作者，但是，说他"无理法"，他是不认的，反而他是要故意破坏世俗所谓的桐城文法，极有理论自觉。

应祺的生卒，诸书皆谓不详。咸丰十一年（1861年），他作《上曾涤生尚书书》，云"男儿三十，已非少壮，祺又过二"，是知他生于1830年。光绪《湖南通志》卷一百七十六谓应祺"年五十四卒"，则知他死于1883年。

他是湖南善化（今长沙）人，自少生长在广西。以故，他"师事朱琦（按，广西人），受古文法"（刘声木《桐城文学渊源考》）。前揭与他长函畅论时事与文心的蒋琦龄，也是广西人。他的姐夫，道光二十一年（1841年）的状元龙启瑞，仍是广西人（《浣月山房诗集》卷三《寄内弟何镜海应祺》）。及长，他又随广西人王必达入江西，见曾国藩，受到赏识，开始自己的事业。

他的妻子濮文绮（1833—1896），江苏溧水人，是晚清才女，著《弹绿女史诗稿》与《弹绿词》（胡文楷《历代妇女著作考》）。尝作《虞美人·种桃花》，脍炙人口，词云：

> 刘郎去后无音信，春色飘零尽，莫随流水去人间，未到花开先护小阑干。香泥润透连宵雨，淡影斜阳里，画帘春困绿窗人，别有一天幽恨不分明。

不知是不是对应祺发出的闺怨。

约在咸丰八年（1858年）末，应祺进入曾国藩幕府，其间或治文牍，或独领一营，文武兼才，迭奉褒奖，直至同治五年（1866年），才离幕单飞，仕至广东高廉兵备道，"有政声"。他的干济之才，可从一件轶事看出。国藩在幕中，喜欢开玩笑，一日，"与诸客议事，因曰：天下事有非贤豪所能济者，有非庸人所能办者，当别设一科，曰绝无良心科"。应祺应声而起，说："公求此选，舍我其谁。"（《瞑庵二识》卷二）此处"绝无良心"，不是说丧尽天良，殆谓脸皮要厚，心窍要活，说来不好听，然而对于"效奔走之节，供指挥之用"的办事能员，实在是必备素质，故应祺勇于自承，不以为嫌。

不仅不以为嫌，他大概还很满意自身所具的这份气质。同治十一年（1872年）春，诸位名人在长沙絜园聚会，绘图为记，郭嵩焘描述图中的应祺，云："蹲踞地上，伟干蹒跚，自负霸王之略，善化何镜海（应祺字）观察也。"（《絜园展禊图记》）

表面上，应祺"狂谲不羁"，实则"资性奇敏，论多精确"（朱克敬语）。

如论郭嵩焘，他说："郭筠仙非无谬处，其谬处皆可爱。李法曾尽有好处，其好处皆可杀。"时人以为中肯。

如论湘军与淮军的盛衰，他说："皖人之起，方兴未艾，而楚才一败无余。问何故，曰：皖人互相推举，有拔而起之，莫挤而止之。楚人日寻戈矛以相贼伤而已。稍有名望，必益为垢毁所集。凡家庭骨肉相贼害，其家之覆亡可立而待也。则凡省部相为贼害，其省之倾颓亦必可立而待也。"（郭嵩焘光绪五年六月廿七日记）湘人好内斗，也是让人感慨。

又如论古今人物等第。他说："上一等，道德事功合一，今无其人矣，有亦必不出而任事。其次，以道德行其事功，随所往而必穷。其次，苟务为事功而已。又其次，营求富贵，只此一种人充塞天地之间。于此有能立事功者，其人已复乎远矣。而用其与世推移之心，以赴事机之会，要止是三等人，进而上之，则必扞格龃龉而不能入。"（郭嵩焘光绪五年六月初十日记）嵩焘以为"此论似创而实确"。

若以此论衡量当时的名人巨公，可知曾国藩也只算是"苟务为事功"的第三等人,尽管他曾立志要转移一世的风气。或亦因此看透了府主终非圣贤豪杰,待国藩逝世,赐谥文正,应祺遂"自号武歪公""以示相当"(《瞑庵二识》卷二)。

暗而难知穆彰阿

道光三十年（1850年）正月十四日，清宣宗驾崩。二十六日，皇太子奕詝即位，宣布第二年改元咸丰，是为文宗。文宗登极，面临两桩棘手之事，一是南方的叛乱，二是英国的侵略。内忧外患，俱是其父的政治遗产，一时间并无有效的办法，文宗心绪甚恶，可想而知。就这么恶心了九个月，他总算想出一招，以为涤旧迎新的尝试。十月二十八日，文宗亲笔写下一道圣旨，谴责文华殿大学士、首席军机大臣穆彰阿，将其革职，永不叙用。

穆氏早在道光八年（1828年）就进入军机处，十六年（1836年），授武英殿大学士，为军机领班大臣，成为权倾一朝的"首相"。文宗将任职十五年之久的"首相"撤换，表面上看，不过是一朝天子一朝臣的俗套做法，实际上，另有深意。

首先，他以此表达对道光朝因政治不修、"夷务"失措而酿成当下难局的不满；格于孝道，碍于颜面，他不能公开指责其父治国无方，只能拿前朝老臣开刀，于是，穆氏首当其冲，罪无可逃。

其次，他认为前朝政治失败的主要原因，就是柄国大臣"保位贪荣，妨贤病国""小忠小信，阴柔以售其奸；伪学伪才，揣摩以逢主意"。穆氏是"首相"，自应担负最重的惩罚。不过，严格地讲，"阴柔"与"揣摩"，并不能视作实际的罪行，只能是一种微妙的观感。文宗亦明此义，故在谕旨末尾，特地强调了一句，说："穆彰阿暗而难知。"

确实，在近代史上，穆彰阿真是一个"暗而难知"的人。嘉、道二朝，他多次出任主考，门生故吏遍布朝野，时有"穆党"之称；他与另一位"首相"曹振镛（以"多磕头少说话"为做官秘诀者）前后相继，左右了道光朝三十年的政局，养成一种"不黑不白不痛不痒"的风气（曾国藩语）；他在鸦片战争时期掌控持权，赞成和议，罢黜林则徐，实为历史转型期的关键人物。但是，不论善恶忠奸，地位这么高、影响这么大的一个人，我们对他却知之甚少。当时的官方资料，只有《清史列传》一篇传记（《清史稿》本传即据此删节而成），仅述履历，不及其他；私家笔记倒是有十几条，但多是轶闻传说之类，且多被剿袭，是否廉得其情，不能无疑；民国至今，史学界没有出版过一本关于他的传记，甚至连研究他的论文也不过寥寥一二篇，品质亦非上乘。

他就像一个巨大的影子，后人无法忽视他的存在，却看不清他的面目。不过，细心观察阴影的形状，或能推知几分造影者的轮廓。

晚清学者李慈铭虽对穆彰阿的"误国"深恶痛绝，于"穆党"却有一番平情的议论，他说，穆氏"引掖后进，地道孤寒，虽多在门墙，而不离文字。较之树援植党、傅法持权者，尚有间也"；意谓穆氏虽构建了庞大的政治势力，但与传统上贪贿弄权、党同伐异的"奸臣"有本质区别，甚至可以说，他在培植人才方面还功大于过。此非泛泛之谈，而是基于史实的判断。

曾国藩便是穆门高才的杰出代表，他出身"孤寒"（其家六百年无科第仕宦），经穆氏"引掖"，三十七岁即官至二品，以此，终生对恩师感激不尽；此外，季芝昌、骆秉章、劳崇光、李星沅、彭蕴章、何桂清、黄宗汉、叶名琛、郑敦谨、袁甲三、罗遵殿、乔松年、毛鸿宾、阎敬铭等咸、同、光三朝的大员，其人之政绩或有优劣之殊，品德或有良莠之别，但有一个共同点，那就是全都出诸穆门，且与师门保持良好互动。可见，穆彰阿虽被皇帝扳倒，但是，"穆党"仍是构成整个皇权统治的坚实基础。

当然，从人性上分析，穆彰阿的行为也不算吊诡。对他来说，权力本身——甚或说"得天下英才而教育之"的感觉——就具有极大的诱惑，远迈敛财货积带来的快感。

聊举三例：

第一，劳崇光由京官外放，临行登门请训，并奉上礼银，穆云，你在京清贫，哪来送礼的钱？日后外任有了收入，再跟我讲这个礼节吧。

第二，穆门某人，"气节人也"（穆语），以知县候补部吏，但任上有亏欠，无法交代。穆氏（其时已褫职家居）闻之，立赠三千两，替他解困。后来，此人"以杀贼死"，穆氏慨曰："以三千金而成一节义之士，所获多矣。"

第三，骆秉章任御史，稽查户部银库，穆彰阿从旁打听他的节操，听说一毫陋规也不收，赞曰："真体面，此是我门生。"

除了咸丰三年被皇帝"勒捐"一万两银子，穆彰阿并未受到罚没财产的处分，但他过世后不到十年，家境已形破败，令来访的曾国藩大为感伤。适如时人的评价："若谓之误事则有之，谓其贪黩则不然。"（崇彝《道咸以来朝野杂记》）

他不是贪官，也不是小人；他对人才有准确的品鉴，却严诫弟子多一事不如少一事；他有高明的权术，却看不清时势的走向。换一个"盛世"，他可能"不谥文忠，便谥文恭"（当时对联语）；当彼之世，他只能成为时代的影子。

军机处里偷金印

穆彰阿是道光朝的权臣，真正的一人之下万人之上。他少年成名，入仕后，三次主持乡试，五次主持会试（清代"五典春闱"者，除他之外只有三人），门人弟子遍天下，所谓"敢为科名致身早，风檐轻与辨骊黄"。他的学生虽有良莠之别，但都是近代史上有名人物，最著名的是曾国藩，其他如杜受田（协办大学士，帝师）、黄爵滋（鸦片战争前力主禁烟，姓名常见于中学历史教科书）、骆秉章（协办大学士，"中兴名臣"）、叶名琛（大学士，第二次鸦片战争被英军掳至印度）、何桂清（两江总督，以弃城不守被诛）、彭蕴章（大学士）、阎敬铭（大学士，著名廉吏）、魏源（近代著名学者）诸人，都不是一般人。

尽管权势煊赫，穆彰阿却是一个清官。不仅有很多拒贿的记录，从他子孙的状况，也能说明一二。

其子萨廉，光绪六年（1880年）翰林，仕至礼部侍郎，历史上的名气不大，在当时确是一号人物。主要因为他在官场的辈分太高。譬如，他生于1844年，曾国藩生于1811年，足足小其三十三岁，可曾国藩的老师是季芝昌，季芝昌的老师是穆彰阿，则曾国藩比萨廉晚了一辈，严格说，可以见面磕头。更不要说到了同治、光绪年间，很多京官甚至比萨廉低了两辈，见面要称他"太叔"了。因此,萨廉有个外号,就叫"京城太叔"。虽然辈分高,萨廉却不是一个耀武扬威的人,哪怕对家中骄横恣肆的仆人,他也只是苦口劝诫,不忍疾言厉色,甚至说到自己堕泪。因此,萨廉又有一个"菩萨"的外号。

萨廉喜欢唱戏,尤擅胡琴,"圆转如环",据说水平要超过当时的名家梅大锁。穆彰阿的曾孙德珺如,只比萨廉小八岁,也喜欢唱戏,爷孙俩耍成了好票友。德珺如早年唱青衣正旦,其音可裂金石,名震一时,然而是个长脸,故被人取了个"驴头旦"的外号。他一怒改为扮小生,仅论唱功,当时也没有比他更好的角儿。

德珺如与谭鑫培结成亲家。起初,女婿谭小培在同文馆学德语,但谭鑫培唱出名头后不愿子女再做这一行,毕竟是贱业。而谭郭联姻(穆彰阿为郭佳氏),也希望借助历代仕宦的亲家,洗白自家的身世。谁知德珺如不但自己"脱离家庭",下海做了演员,还"以不学戏为可耻",严令小培学戏。谭家没办法,只能"俯就"。或也因为有这一出,否则未来的著名老生谭富英(德珺如外孙),戏迷就看不到了。

萨、德只是体现了八旗子弟好玩会玩的特征,穆彰阿另一个儿子萨隆阿,则让人感受到豪门的衰落。

同治四年(1865年)八月十七日,军机章京萨隆阿上早班,见上一年收缴的天王洪秀全自用的"太平天国万岁金玺",放在一处打开的橱柜,趁无人看见,包着就带回家里。七天后,即去东四万盛长首饰铺,伪称是四叔做道员从外省带回来的,请铺伙化成十根金条。铺伙见是熟客,也没多话,帮他做了。十一月,内务府访查此案,才从金铺找到线索,揪出萨隆阿监守自盗。可笑的是,审讯萨隆阿时,他说已向银铺兑了两根,家中还剩七根,可内务府去他家炉坑一搜,发现还有八根。死到临头,还想留一根以后花,对此,除了呵呵无语,实在不知如何评价了。

为琦善点个赞

琦善官运特别好。

十九岁入仕,即授刑部员外郎,二十五岁,擢通政使司副使,是正四品官,而在清代,凡五品以上皆称高官。三十岁,任河南巡抚(正二品),三十六岁,升两江总督(从一品)。据说有人来不及改口,见了升任总督的他,还小琦、小琦地叫,虽然失礼,但无论在当时还是后世的官场,这都算一段佳话了。五十岁,他已身为文渊阁大学士(正一品),直隶总督,是民间所谓"宰相";这就是他去广东处理"夷务"时的正式身份(同时也是钦差大臣,兼署两广总督与粤海关监督)。然而,年轻人升迁如此迅速,似乎不符合惯常人们对道光朝的理解。

清代道光朝,用人行政,最讲究资格。这当然体现了道光皇帝的风格。为什么道光朝是一个"万马齐喑究可哀"的时代?有人尝试用"心理史学"分析,因为道光皇帝当皇子的时间太长,在竞争成为皇太子的凶险道路上养成了稳重以致失于保守的性格,而等到即位时已经三十八岁,从生理上来说早已进入中年(古人比今人成熟得早,似无疑义),更加求稳惧变,于是,不仅以此律己,还要以此规范百官,自然而然,就养成了自上而下的暮气。初闻此论,觉得很有道理。但在他之前,顺治、康熙、乾隆与嘉庆诸朝,皇帝登基之时，从数岁到三十余岁，都比他年轻，称得上虎虎有生气，故气象大不同。但是，仔细一点儿，去查书，却会发现他的皇阿玛嘉庆皇帝，尽管三十七岁就名义上称了帝，可接下来四年的朝政仍由太上皇乾隆主持（虽已是嘉庆朝，但宫中的时宪书继续使用乾隆年号），待到他真正接班，已是四十一岁，比道光皇帝登基时大了三岁。不仅如此，他的曾祖雍正皇帝，四十五岁才接班，也没见谁评论雍正朝的空气如何保守，如何压抑，这又怎么破？

"万马齐喑究可哀"，是仕途不得意的龚自珍对他所处的时代做出的判断，这位伟大的文学家，自有他的经验与情绪，后世读者须尊重，然而，不能用他的话来定义整个时代，更别说否定一个时代，因为这不科学。同理，道光皇帝确实输了鸦片战争，可不能因为这场败仗，就把他个人一笔抹杀。至少，琦善的火箭式升迁，就是一个反证。

当然，琦善出身不一般，毋庸讳言。照修正版的五德始终说，清为水德，然而尚什么色说不准，只好以宗室的黄色来权代，恰好琦善也是正黄旗人；他的始祖格得理尔，本是蒙古贵族，而能率众归附满洲，因此受封为一等侯爵，世袭罔替，传到琦善，正是第十二代。以此，可说琦善是黄十二代。他是侯爵继承人，即能以荫生授刑部员外郎，远比辛苦参加科举的读书人要轻松。

不过，琦善未来能在史书占据一席之地，不论褒贬，原因在于他既有了先天的地位，可也从不放松后天的努力。

琦善借着家世显赫，不到二十岁，免试去刑部当了干部，可想而知，同事们自然有羡慕他的，也会有从心里瞧不起他的。心里的鄙视，不必写在脸上、出诸口中，但会体现在做事上，于是，如何应付各种刁难，成了琦善初入职场的最大难题。

有人总结清代政治失败的原因，说主要因为三个字："例，吏，利。"清代的官方法律是《大清律例》，律文有四百多条，条例却有近两千条，律是成文法，例，则集合了历朝皇帝的诏旨、对臣下奏折的批谕，以及从刑部审定案件中抽象出来的原则性意见。法律是死的，皇帝是活的，由此可以推知，律与例，孰为重要？当然是例。

对胥吏来说，他们虽然没有科举或贵族出身，不能担任要职，但是，中央各部官员、地方各级官员，在具体办事与办案方面，几乎都要按照胥吏的意见办。官员们并不想这样，但他们不熟悉业务，办不好这种事情。在胥吏面前，他们都是废物。试想，至少花二十年工夫研究八股文写作的领导，哪有时间去熟悉例案？在一省一部连续工作几乎不超过十年的领导，哪有动力去熟悉例案？可是，在中举赴职后，工作中的每一件事都与例案有关，请问，领导该怎么办？单位里正好有一些几乎一辈子都在同一职岗工作的胥吏，甚至他们的父兄也在同一职岗，而且他们的子孙还很有可能继承同一职岗，请问，要不要请教这些同事？如果嫌麻烦，是不是干脆就委托这些同事去办算了？是的。因此，可以看到六部的长官（尚书、侍郎）对本部基层员工特别尊重，远远超过对中层干部的尊重。

最后一个"利"字，也就有着落了。胥吏既不能通过科举猎取功名，也不能借助家世掌握权力，就只能通过工作体现价值——精熟例案，挟例弄权，以权谋利。

琦善就是在这样的时代背景中的刑部新来的年轻人。虽然是干部，但不是领导，上班还得干活，干活就容易被老同志们噎着，噎坏了还没地儿投诉。如前所述，各部首长对本部胥吏都是由衷地尊重，小琦要告他们的状，那是不懂事。

小琦懂事，小琦不哭，小琦爱学习。他花三百两银子，请来一位刑部退休的老同志，咬紧牙关，苦学三年，学到"例案精熟"为止。有品官的地位，则未来有发展的空间，再兼有胥吏的本事，如虎添翼，则前途不可限量矣。为什么琦善在三十六岁成为两江总督？这就是答案。

1841年，当英军兵舰到了天津，琦善临危受命，去广州处理"夷务"，在确信打不过对方的情况下，与英方签订了《穿鼻草约》。他之所以被称为"汉奸"，即因这次签约。然而，照当时的情势，不签约，又能如何？不过二十年，有所谓"第二次鸦片战争"，清廷不愿完全履行条约，结果是圆明园被烧，广州被占领。或曰，历史不能假设，二十年前后的事情不能用来互证，那好，且看事实：一年后，清廷虽不承认《穿鼻草约》，却须与英国签订《南京条约》，才能停战。

再看看《南京条约》与《穿鼻草约》条款的比较。前者同意完全割让香港，开五口通商，后者规定割让香港，然由中国保留在香港收取关税的权力；前者赔款二千一百万元，后者只需补偿烟款六百万元。于是，说到丧权辱国，二者皆然。说到外交利益的得失，则琦善谋国，犹有多者。以此，蒋廷黻才说："倘与《南京条约》相较，就能断定《穿鼻草约》是琦善外交的大胜利。"

做出这种判断，实在不难。然而在当时，在晚清以至其后，出于各种原因，大家都不愿为琦善点个赞。仅就当时而言，皇帝事前到底如何授权，事后到底如何卸责，失地卖国的真正罪人到底是谁，就是一桩疑案。虽无确证，但我们从琦善以擅订和约得罪，革职充军，不久即赦还，且很快又做回一品大员的事实来分析，可以相信清宣宗并未真把琦善当罪人。

至于当时的舆论与后世的清议，不利于琦善，更易理解。鸦片战争后，琦善任陕甘总督，有位下属叫张集馨，在回忆录里这么说：琦大人"天分绝顶，见事机警"，在刑部办秋审（死刑复核），有"白面包龙图"之号。在地方做官，办案与用人，亦非不徇人情，但必须情理相合，方肯同意，总以"不贻害地方"为原则。也不是不受贿，但必须"公事结实可靠"，方肯收钱，而绝不做买官卖官的勾当。若然，则琦善在有清一代官场，应能获得中上的评语了。但是，张氏又说，琦善"性气高傲，不欲下人"，对当时的"名公巨卿"，基本上都瞧不起，不给面子（林则徐应在其列），以此，以名公巨卿领衔的评论界，对他自然是"毁多誉少"了。

"党援"肃顺

咸丰十一年（1861年）七月十六日，清文宗在热河病死，遗诏以肃顺等人为顾命大臣，辅佐幼帝。十月，慈禧太后与恭王发动政变，推翻顾命大臣的政府，开创垂帘听政之局。政变成功后，并未穷治"肃党"，或以为借此可见慈禧太后的理性与仁慈。

然而，"肃党"之有无，本就是一个悬案。民国三年（1914年），肃顺当年的小弟王闿运，旧地重游，白首谈玄，云：

"其时夷患（按，谓第二次鸦片战争前后）初兴，朝议和战。尹杏农（耕云）主战，郭筠仙（嵩焘）主和，俱为清流。肃裕庭（顺）依违和战之间，兼善尹、郭，而号为权臣。余为裕庭知赏，而号为肃党。"（《法源寺留春会宴集序》）

同、光两朝，"清流"专指主战派，而以李鸿章为首的主和派则被称为"浊流"。闿运将咸丰末年政见不同的尹耕云、郭嵩焘混称为"清流"，并谓"权臣"肃顺"兼善"之，显然是将肃顺视为当时的"政府"。不是"政府"，必有所偏；只有"政府"，才能折中取舍，不分清浊而俱为我用。所以，接下来"余为裕庭知赏,而号为'肃党'"一句,则是对政敌用"肃党"一词,污称具有政治合法性的肃顺"政府"为拉帮结派、招权纳贿的"朋党",深表不屑。

御史许彭寿却不这么看。他写了《密陈查办党援等四项事宜折》(咸丰十一年十月初一日),谓,"伊等专擅以来,无耻之徒或为之鹰犬,或为之囊橐,或为之发踪指示",建议太后"饬下亲信大臣,密查此种劣员,严行澄汰,以肃官常"。不过,同日他又附片奏曰:

> "再,权要作威作福,目中且无君父,何况同官?在诸臣受其挟制,不过出于免祸之心,而臣又得自传闻,是以先未指实,总求饬下亲信王大臣从容查核,未可发之太骤。倘即日明降谕旨,则言者以报复为虑,此后无敢建言者矣。"(《查办党援未可发之太骤片》)

似对"无耻之徒"颇具同情之理解,不愿太后穷治。太后想法则略有不同,看到折片,她"当令议政王、军机大臣传旨,令其指出党援诸人实迹"。彭寿既已倡议,虽曰"得自传闻",至此也不得不交出名单,否则就有"讦告诬陷"的嫌疑。他检举了有代表性的几位大臣:"形迹最著者,莫如吏部尚书陈孚恩。踪迹最密者,如侍郎刘昆、黄宗汉。伊等平日保举之人,如侍郎成琦、太仆寺少卿德克津太、候补京堂富绩,外间皆啧有烦言。"或真是为了"惩一儆百",初七日,上谕命将名单中的陈、黄革职永不叙用,余人俱行革职,并声明点到为止,"此后朕惟以宽大为心,不咎既往。尔诸臣亦毋许再以查办党援等事纷纷陈奏,致启讦告诬陷之风"(《谕内阁将党援载垣等之陈孚恩诸人革职》)。

彭寿列出的名单大有问题。他人不论,被革职的刘昆就感觉特别悲愤。此前,他与肃顺的私交,不过同席吃过一顿饭,而且饭局的召集人还是彭寿之父乃普(时任吏部尚书)。试想,我刘某若是"肃党",汝父难道是卧底不成?于是,某日在戏院碰到许彭寿,刘昆破口大骂,"且质尚书前事",彭寿理屈词穷，转身就跑，"昆奋起击之，碗拂其耳，羹酒染衣，众环救乃解"。时人并作联语，云："许御史为国忘亲，捐归党籍；刘侍郎因祸得福，打复原官。"（按，刘昆不久就重回官场，同治中仕至湖南巡抚，事见朱克敬《瞑庵二识》卷一）

然亦有人系统总结过"肃党"的构成，谓："肃顺擅政，颇搜罗人才，资以延誉树党，先及留京公交车，次京曹官，次外吏。"[按，"留京公交车"（进京应试的举人）可以王闿运为代表，"京曹官"可以李寿蓉（户部主事）为代表，"外吏"则可以写下这段总结的李桓为代表。)]

李桓是前两江总督李星沅之子，时任江西道员。他怎么理解肃顺搜罗外省人才的呢？因为贵州安义镇总兵进京陛见，途经江西，李桓"以其久着战绩，厚赠之"，总兵至京，拜访肃顺，肃向他访问江西吏才，总兵对以李桓为赣省第一干吏，并写信给李桓，说肃大人对兄台极感兴趣，不妨拜在门下，只要从江西寄来门生帖，我即在京代购一柄玉如意，"附缄面递，即可晋秩两司"（谓可升任按察使甚至布政使）。李桓接信，"不觉失笑"，以为"武夫不足与论"，烧了此书。以后，肃顺被杀，据说"所有往来书札悉行封进"，于是，李桓很佩服自己的先见之明，谓"幸不为某所诱"（李桓《甲癸梦痕记》卷一）。

但是，李桓却忘了十月二十九日的上谕：

> 肃顺管理处所尤多，凡内外大小臣工，赠答书函，均恐难与拒绝。当兹政命维新，务从宽大。自今以后，诸臣其各涤虑洗心，为国宣力，朕自当开诚相待，一秉大公，断不咎其既往，稍有猜疑。所有此次查抄肃顺家产内账目书信各件，着议政王、军机大臣即在军机处公所，公同监视焚毁，毋庸呈览，以示宽厚和平，礼待臣工至意。

之前抄肃顺的家，发现多封陈孚恩写给肃顺的"亲笔暧昧书函"，因此加重治罪，将孚恩充军至新疆。同时，当局应也发现不少朝野大僚写给肃顺的"亲笔暗昧书函"，其中，必不可少地还会有湘军领袖如胡林翼、曾国藩诸人的亲笔信，因为，肃顺器重"湘贤"，早已不是新闻，最著名的案例就是肃顺幕后主持，强行保住左宗棠，免其入狱。而湘军是太平军的唯一劲敌，稍谙时事者皆知湘军此役关系到国家的存亡，不论要不要根治"肃党"，将湘军大佬划入"肃党"阵营绝非明智的做法。以此，太后说所有肃府查抄的书信都要拿到军机处一把火烧了，"毋庸呈览"，实在是合乎情势、最正确的处理方法。当然，焚毁之前是不是做了备份？揆以情理，这个答案也极有可能是个YES。这些书信，极具运用之妙，将来很有可能用得着嘛。

以上不过猜测。但是，看看曾、胡、左诸人全集，可有一封写给肃顺的信，可有一两句对肃顺的赞语？没有。按常情与逻辑，却是一定会有的，因为肃顺是当时实际的国家领导人，于公于私，地方大吏皆应与他往来，且不能限于公事公办的往来。信都去哪儿了？军机处把原信烧了，诸位赶紧也要把自己的底稿烧了，可想而知。

而本质的问题，是肃顺真要谋反吗？若然，则不论湘军大佬再如何身膺巨任，恐怕结局都是身首分离。若否，则不论平日写信如何"亲笔暗昧"，都是谋国之忠，无可厚非，或能寻出病句，绝不可引为罪证。以此，慈禧太后才能遵循理性，表示宽厚与和平，以致十年后曾国藩与幕客聊天，要由衷地赞叹"女中尧舜"，尽管他此前也"暗昧"地说过，政变后抹黑肃顺，实在是"天下无真是非"。

畅销书作家汤鹏

晚清益阳人中，官做得最大的是陶澍，事功最显赫的是胡林翼，"才气奔放，则有汤海秋"（曾国藩语）。

汤鹏（1801—1844），字海秋，九岁能属文，十四岁补学员，道光二年（1822年）举人，第二年连捷成进士，以主事分礼部，时才二十三岁。道光十年（1830年），充军机章京，极受大学士曹振镛赏识，担心他在"冗众"的礼部受到遏抑，特奏调至户部，旋擢贵州司员外郎。道光十五年（1835年），充会试同考官，时年三十五岁。对这样一位少年巍科、高才博学的年轻官员，舆论皆以为"不日月跻津要得美仕也"，然而汤鹏不走寻常路，"自贽求为御史"，做了一名言官（王拯撰《行状》）。

这年八月，工部尚书宗室载铨，在检查公务时，将本部司员嵩曜误认作"家里人"。所谓家里人，是指旗人虽须服从皇帝，然而也要敬礼所在旗的旗主，旗主则视本旗之人为家人，当然，家人听上去不错，其实另有个称呼则是奴才。然而嵩曜并非载铨的"家里人"，闻言觉得受了侮辱，回头就向长官具呈代奏，告了御状。道光帝认为"载铨措辞过当"，而"嵩曜负气具呈"，都有错误，遂将二人分别交给宗人府与吏部议处，结果载铨照例议罚职任俸一年，嵩曜照例议罚俸九个月，各打五十板，了了此事。但是，到了十月，汤鹏重提旧事，率先奏称，载铨处分过轻，请再交宗人府量加议处，并请将嵩曙处分宽免。宣宗大怒，批评汤鹏"率意渎陈，于奏定准行事件，妄议改更，无此政体。且赏罚为朝廷大权，岂容臣下妄行干预"，若此，"实属不知事体轻重，不胜御史之任"，遂命汤鹏卸任御史，仍回户部（据《清实录》）。

回户部，汤鹏升任江南司郎中，管理军需局，并被钦点为陕甘乡试正考官，可知圣眷未衰。而圣眷之所以未衰，大概与当朝大佬对他的爱重有关。而之所以爱重，则因为大佬们特别喜欢他的制义。

有一条笔记，记录汤鹏在考场上的机智，久为人知，云：

> 寿阳祁相国寯藻，督学湖南，邵阳魏默深源，益阳汤海秋鹏，皆其所激赏。道光癸未（三年），汤魏两先生均赴会试，至都谒祁。祁语汤曰，海秋之文何其冗长，不如默深短炼佳也。是科，祁充会试总裁，题为《切问而近思，仁在其中矣》。汤入场，忆师言，文特简括，后比连用三字句。寿阳得之，曰，此魏默深也。亟录之。比揭晓，则益阳汤鹏也。（陈锐《裒碧斋杂记》，载《青鹤杂志》一卷二十一期）

祁寯藻于道光二年（1822年）充广东乡试正考官，次年任湖南学政，至六年卸任。而道光三年（1823年）会试，考官是曹振镛、汪廷珍、王引之、穆彰阿，祁寯藻并不在列。可知祁寯藻不可能在三年会试前夕在京指点汤鹏如何作文。这条笔记是张冠李戴了。

汪穆二位老师，先后为汤鹏的八股选集作序。汪序〔道光七年（1827年）〕自谓"生平不轻为人序文"，实在是有感于汤鹏"天才固多，而人工亦非其所少焉"，才愿意向世人介绍这种既是"自成一家之文"，又是"不名一家之文"的佳作。穆序〔道光十七年（1837年）〕则谓汤鹏"闱中之文，朴遫浑坚，浏亮顿挫，余固心焉许之"，而学与年增，才不少却，俨然已到了韩愈所说"能自树立，不因循"的境界，因此愿意大力揄扬。其序还透露了一条书市的消息，谓汤选自七年刊行，"几于家有其书，人有其篇"。此语不虚。道光十二年（1832年），邵懿辰初至北京，即"见书肆间市汤君海秋时文，善瑂绘物情而举以大义"（《汤海秋哀辞》），印象深刻。

文章写得好，且能畅销，诗也不错。龚自珍撰《书汤海秋诗集后》，谓汤诗可以一个"完"字做评语。其词曰：

> 何以谓之完也？海秋心迹尽在是，所欲言者在是，所不欲言而卒不能不言在是，所不欲言而竟不言，于所不言求其言亦在是。要不肯挦扯他人之言以为己言，任举一篇，无论识与不识，曰：此汤益阳之诗。

当然，龚自珍说的这个"完"字，是对汤鹏而言，并非对诗艺而言。从汤诗或能见到完整的汤鹏，然而未必能代表完美的诗艺。他在《己亥杂诗》里为汤鹏写了一篇，云"魤魤益阳风骨奇，壮年自定千首诗。勇于自信故英绝，胜彼优孟俯仰为"（第廿九首）；"勇于自信"四字，褒贬已在其中，恰如前揭的"完"字。汤鹏的湖南老乡傅熊湘，借着龚自珍的评语，说汤鹏"自负甚厚，至谓合于性天，出入于风骚而不苟作""惟骏快之作，常觉有发露太尽之感，转不如弩缓者之纡徐可思"，至于整体水平，则"七言古乃似尤西堂，其次亦不过为常人语而已"（《钝安脞录》卷一）。

虽然，汤鹏的声名在后世还是寂然的，不过，托曾国藩的福，对于爱看近代轶事的读者来说，提起汤鹏，还是有印象的。据李伯元《南亭笔记》云：

> 曾（国藩）与汤海秋称莫逆之交，后忽割席。缘曾居翰林时，某年元旦，汤诣其寓贺岁，见砚下压纸一张，汤欲抽阅之，曾不可。汤以强取，则曾无事举其平日之友，皆作一挽联，汤亦在其中。汤大怒，拂衣而去，自此遂与曾不通闻问。

故当时在京湘人谚云，曾国藩包写挽联，江忠源包送灵柩。然而，据曾国藩为汤鹏写的祭文，则二人闹翻，与生挽无关。其词曰：

我行西川，来归君迓。一语不能，君乃狂骂。我实无辜，讵敢相下？骨肉寇仇，朋游所讶。见豕负途，或张之弧。群疑之积，众疻生肤。君不能释，我不肯输。一日参商，万古长诀。吾实负心，其又何说？

据其自述，则谓，道光二十三年十一月，曾国藩完成四川乡试正考官的差事，回到京城，汤鹏特地组局欢迎，哪知一语不合，二人大吵了一架，闹到不欢而散，直至第二年汤鹏逝世，二人再未见面。国藩对此十分内疚，故曰："一日参商，万古长诀。"唯据曾氏家书，谓"汤海秋久与之处，其人诞言太多，十句之中仅一二句可信"（二十二年十一月十七日），则曾不满意于汤，又非一日矣。

汤鹏的死，是暴卒。诸人所作行状传记墓铭哀辞，皆未明言因为什么而暴卒，只有曾国藩祭文提了一句，云："一呷之药，椓我天民。"可知与吃错了药有关。而据薛福成《庸庵笔记》卷三"猛药不可轻尝"条，汤鹏是在二十四年七月初八日的家宴上与朋友打赌，不信"大黄最为猛药，不可轻尝"的邪，自谓"无疾常服之"，硬是当场吞了一两多大黄，黄昏即已腹泻不止，稍延至明日凌晨，即告暴卒。一位才人，就这么稀里糊涂送了性命，令人难为情。曾国藩评曰"岂不有命，药则何罪"，也是实在不知如何去说这事。

汤鹏《漫兴》云："雕肝刻肾三千首，赢得人间号海翁。"而终年只有四十四岁，徒负"海翁"虚名，实在令人遗憾。

奇人钱江

粤人黄世仲化名"禺山世次郎"（禺者，黄为番禺人；次郎者，仲也）撰《洪秀全演义》，是一部奇书。此书自光绪三十一年（1905年）在报纸连载，其时，清廷仍有六年之命；而书首诗云"汉家正统自英雄，百战如何转眼空？凭吊金陵天子气，啼痕犹洒杜鹃红"；既曰"汉家正统"，则谓满人统治无合法性，既曰"金陵天子"，则谓太平天国不得谥为逆贼。于是，在时人看来，这端是一首"反诗"，其书则为"禁书"，作者则是"乱臣贼子"。然黄氏是同盟会员，又是新闻界才子，思想前卫，笔力雄健，正欲以此书做匕首、投枪，正欲做一个"乱臣贼子"也。只是，他求仁得仁，乐得做"贼"也就罢了，却将钱江拖上"贼船"，未免做人不厚道。

钱江，字东平，浙江长兴人。他是近代史上一个奇人。他有四奇：

一奇，咸丰三年（1853年），他以监生入幕，协助雷以諴创订厘金制度（简单地说，就是商业税），资助军饷，镇压太平军；史称"厘祖"。此一制度延续至清末方被革除，而余风不歇，直到民国仍被各地军阀用为敛财之具；实在是中国财政史上一桩大事。其事载于多书，早成定论，唯周育民撰《关于清代厘金创始的考订》（《清史研究》2006年8月），力翻旧案，谓经核对时事，钱江不可能为雷氏定策，言亦有据；以不关本文大旨，暂不赘论。

二奇，不多久，钱江就被东家办了个就地正法，一命呜呼。据雷氏奏折：钱在军中，"交接贤豪"，以养其望；"招延勇士"，以收其威。他还作了一首谶诗，云："满地红樱子，须防白帽来。若要此河开，必须刘基才。"这极有"谋逆"的气象，故不得不先行正法，以消患于未萌。谶语诡怪不可解，但有"刘基"（刘伯温）字样，不由让人想到烧饼歌的故事，更想到钱江于道光末年曾接触"太谷教"的故事（张曜《山东军兴纪略》卷二十一）。所谓"太谷教"，杂糅儒、释、道，自成一派，不立文字，聚众隐修于山东黄崖山。同治五年（1866年），整个教被官兵当作"邪教"剿灭，万人同时遇难，史称"黄崖教案"。

钱江是否入教，不可考；但他天赋"长身瘦面，手垂过膝"的"异像"（施补华《钱江传》），平日不事生产，好谈大略，兼喜图谶，这就为他的第三奇——成为太平天国金牌师爷——设定了一个易于理解的背景。《洪秀全演义》中的钱江，依作者之意，直可比作诸葛亮，而与冯云山（拟徐庶）、李秀成（拟姜维）鼎足而三，成为天王（拟刘备）的心腹臂膀。限于篇幅，不能转述书中内容，且看回目：一曰"钱东平大败曾国藩"，一曰"钱江独进《兴王策》"，一曰"钱东平挥泪送翼王"，简直就是以《水浒传》笔法写一部《三国演义》，看官却道奇也不奇？只是，奇则奇矣，奈何失真。罗尔纲撰《钱江考》，揭破《演义》及《满清野史》等笔记小说伪造钱江"革命史"的骗局，铁证如山。奇人不奇矣。

但是，钱江还有第四奇——他没有死在雷以諴的刀下，而是虎口逃生，亡命江淮间，后至上海；同治年间，以儿子殉节，受六品封衔；光绪十六年（1891年），以高年积德，被学政授以"里闬仪型"之匾；最终，于宣统元年（1909年）老死于江苏清江普应寺，享年九十六。陈光贻据《长兴县学文牍》及孙德祖《寄龛诗质》《杂记》撰成《再谈钱江》（《长兴文史资料》第三辑），证据确凿，将业经众多史家众口一词定下的"铁案"翻了个边。此不仅为乡贤白其冤，更令吾辈知道征文考献之难，知人论世之不易。功莫大焉。

吾家就是翰林院

　　干禄，就是吃公家饭。有关干禄的书，相当于今日的干部必读或公务员手册。自隋唐以来，字写得好不好，逐渐成为干不干得到禄的重要因素，因此有了句俗谚叫作"字是打门锤"。唐代书法家颜真卿的伯父颜元孙就专门作了一部《干禄字书》，将每个字的写法分为俗、通、正三体，告诫有志于官者多写正体，不要因字体犯错而砸了公家的铁饭碗。孔乙己自诩知道茴字的四种写法，但不一定知道哪种是正体，故此吃不上公家的饭，潦倒一生。

　　道光年间权臣曹振镛死后被谥为"文正"，生前却是个"字正"。他极力推行"齐整无破体"的书法，要求考生写字严格遵照以董其昌、赵孟𫖯两家书法为基础的馆阁体，不问文章写得如何，但看字体入不入格。这种阅卷套路，与他建议道光皇帝看奏折的方法一脉相承。同时，他兼任翰林院掌院学士，进士们想进翰林院，更须苦练馆阁体，不然万万过不了"字正公"这一关。

　　说来奇怪，写毛笔字这件事，并非熟能生巧的。书法发烧友康有为练字五十多年，名碑名帖，揣摩殆尽，却终于只写得出一手"俗"字，不得不慨叹"吾眼有神，吾腕有鬼"；最终断绝做书法家的念头，改行做了书法理论家——康氏《广艺舟双楫》是近代著名的书法批评专著。在他之前，另有一个倒霉蛋，也被恶鬼附了手腕，并因此绝了做书法家的念想，不过，这人改行做了书法教育家，而非理论家。此人便是大名鼎鼎的龚自珍。

论才情，论学问，论见识，龚自珍都有资格进翰林院。可是，院长曹字正公偏不关心学识，他只看你小楷写得好不好。龚自珍却死活也写不好馆阁正体，进不了翰林院，无奈，他只得在部曹一级折腾大半生，不到五十岁便郁郁而终。人一憋闷，总得找个出气的办法，明着斗怎么也斗不过当朝极品，那咱们就想个办法恶心他、腻味他。龚自珍模仿颜氏《干禄字书》，写了一本《干禄新书》(简称《新书》)。《新书》也讲如何写字，且专讲如何写一手翰林必备的字。《新书》写就，龚自珍便令家中妇女——包括女儿、媳妇、小妾、丫鬟全要对着教材练习馆阁体，日有课程，月有考试。功夫不负有心人，经过一段时间的练习，龚家女子人人写得一手符合标准的馆阁体。

于是，再要听到谁说某翰林如何如何，翰林院又如何如何，龚自珍便满脸不屑，傲然说道：翰林有什么了不起？翰林院又有什么了不起？吾家妇女写字，个个都是翰林，吾家就是翰林院。

想赚三千两

古人通常理想是中一次考,娶一房小,刻一部稿。这就是所谓俗吏的人生画像。然而,对于志存高远的名臣来说,虽曰近君子,远小人,俗吏不能也不应摒绝,则是胡林翼获得的教训。

当他在湖北巡抚任上,某日,接见一位需次来省的县令。其人五十出头,举人出身,在京经过大挑,分发湖北,此行谒见长官,若无异议,则将赴县上任。其时天气炎热,县令随身带了扇子,大摇特摇,全没注意巡抚的脸色已起了变化。林翼问:"很热啊?"县令答:"是,是,特别热。"林翼说:"不如除下帽子。"县令致谢,除了官帽继续扇。林翼看冷笑话没起作用,有点儿生气,说:"干脆把袍子也脱了罢。"县令遵命除了官服,赞颂领导英明,确实凉快多了。林翼大怒,拂袖而去。

入内,胡母汤太夫人见林翼面有愠色,问:"这是咋了?"林翼报告了见闻,说:"此等人真辱没衣冠,怎么能指望他做个好官。"太夫人说:"崽啊,你错了。此人三次不中会试,五十岁了,大挑一等,得了知县之职,才进入官场,哪晓得应对上官有那么多规矩。若知道六月天扇扇子也会惹怒上官,他绝对能忍住的。而且吧,你是领导,他是属吏,你要批评他,尽可直言,何必冷言冷语戏弄人呢?你也错了。"

林翼尽管脾气大，道理还是听得进去的，觉得母上所言甚是，于是，次日再次召见县令。县令这次没带扇子，然而神色从容，并无涩缩之态。林翼略询他的履历，然后问他，做官是为了啥。县令答："想赚三千两银子。"林翼"心鄙其言"，但也欣赏他的坦白，再问："为啥定三千的指标？"县令答："出身贫寒，无力读书，幸有祠堂津贴，亲戚资助，才能中一举，得一官，所以要赚三千两，是想捐一千给祠堂，分一千给穷亲戚，剩一千用来赡养妻子。"如此，何可厚非，林翼点头称是。遂指派某县，命他赴任。

县令在官年余，辖地没有发生一起上访事件，没有一桩未结之案，也没有拖欠一两正供钱粮。林翼感叹，"此所谓安静之吏，悃朴无华也"，不遵懿训，差点儿错失一个好官。没多久，县令具禀求见，官印也带在身上，林翼笑问："三千两已经到手了？"县令答："托大帅的福，不但赚了三千，还有三百两的盈余，这笔计划外的收入我不要，请大帅处分。"随即呈上银两，长揖而去。

此事见民国《益阳县志稿》。唯清末知县年入，综计正俸、养廉与陋规，所谓"不贪不滥，一年三万"（光绪《湘潭县志》），虽然湖北州县在战乱凋残之余，或不如湘潭富裕，而三千三百两的年薪，终究是太低了点儿。是县令尚未全力刮地皮，还是别有原因，今则不得而知矣。然而老实说出做官就是要赚钱，且报出一个准数，百年后思之，仍然令人感佩。

"天下第一"周沐润

周沐润，字文之，河南祥符人，自幼生长江苏，为道光十四年（1834年）乡试解元，年方二十四岁。道光十六年（1836年），与弟源绪同榜成进士，时任江苏巡抚林则徐，特撰集句联，向周父道贺，云："谢安子弟佳难得（白居易），庾信文章老更成（杜甫）。"赞扬备至。

沐润旋发江苏为知县。不久，拜谒巡抚，林则徐对这位青年才俊印象甚佳，当面表扬："足下元作（按，谓解元卷）大佳。"沐润毫不谦虚，说："卑职元卷为天下第一，世所传诵。"则徐不介意他的狂傲，随又赞扬他当官称职，沐润仍不谦虚，说："卑职政声，亦为天下第一，世所传诵。"则徐不禁呵呵一笑，略示不满，云："元卷固然，政声未必遽尔。"

自则徐以下的历任江苏巡抚，或皆受不了沐润的才子气，都没有提拔他，以致十年间辗转数县，总不能升官。沐润则谓上官嫉妒贤能，愈益放浪形骸，甚至公然嫖妓，犯了当官的大忌。且尝撰联赠妓，留下笔墨证据。如赠名妓富金，云"我富才华卿富艳，兼金声价断金交"；此联与唐人罗隐的赠妓诗"我未成名卿未嫁，可能俱是不如人"，具有同等的牢骚、一致的幽默。

任长洲知县时，沐润与丁家巷的名妓褚如意往来密切，不避嫌疑，"屡乘舁张盖，呵殿往游"，也给她写过嵌名联，云："尽道我不如归去，试问卿于意云何。"颇有一官何足道，"温柔不住住何乡"（龚自珍诗）之意。

终于，官场不再容忍沐润的荒唐行径。道光二十八年（1848年），苏籍御史曹楙坚上了一道参折，谓沐润身为地方官，常常借口"查夜""乘便挟妓饮酒"，又将伶人林某收为跟班，大干例禁，亟应严惩。皇帝立派吏部侍郎福济与詹事府右庶子骆秉章驰往查办，经查属实。读了覆奏，宣宗大怒，云："种种卑鄙，实属有玷官箴。着即革职，发往新疆效力。"

沐润遭此厄运，仍无悔意，充军途中赋诗云："岂缘风月关防密，或者春秋责备严"，居然以贤者自居。然而，尚未到疆，宣宗即告驾崩，文宗登基，宣布大赦天下，沐润因此只受革职的处分，不用远戍新疆了。

咸丰三年（1853年），沐润官瘾发作，花了一万两银子，捐复原官，仍回江苏做知县。巡抚许乃钊接见他，说了几句安慰话：足下少年成名，受些磨折，本是好事，"亦天之所以玉汝于成也"。孰料沐润对曰：以前凭科举得官，没有花一分钱，这一回可是"黄金论斗，始复冠带"。意谓别说什么玉汝于成的套话，我能复职，靠的可不是天恩，而是真金白银。语毕，他还捧起双手，做了个斗量的手势。

此后，曾国藩任两江总督，早知沐润的狂名，一见面，即知其名不虚，为此特地在家书中以他为反面典型，告诫其弟，云："吾兄弟于有才而无德者，亦当不没其长，而稍远其人。"江苏巡抚李鸿章，虽是沐润的上司，沐润却仗着自己与李父有同年之谊，称鸿章为"老世兄"；老世兄者，今语大侄子也。疏狂若是，宜其蹭蹬终身。

侗愿而坚邹汉勋

邹汉勋（1805—1854）是近代中国有名的学者，博学而能专精，在历史地理学（旧称舆地之学）的贡献尤其突出。当时有"记不全，问魏源，记不清，问汉勋"的乡谚，故王闿运为他作传，特别强调他"博学名湖南"。

身后，有人搜集他的著作，集为《学艺斋遗书》行世。学者谭献，读到这部遗书，认为汉勋的论文"朴僿而不冗，敦碻而不夸"，固然符合优秀汉学家的标准，但是，他从字里行间读到更丰富的内容，"颇疑其人侗愿而坚，非必柔厚之君子"。（按，孔子批评三种人，说："狂而不直，侗而不愿，悾悾而不信，吾不知之矣。"所谓侗而不愿，就是不仅无知，还不老实。）谭献则感觉汉勋此人真诚而坚定，不像是常见的温柔敦厚的读书人，而另有一种豪侠之气。他眼光不错，看得很准。

咸丰元年（1851年）四月，邵阳出了一桩人命案，在某富户的山上发现一具无名男尸，挂在树上，似是自缢，身上却有伤痕。然而，县里派人做尸检，结论却是自杀，匆匆葬埋了事。这个人是汉勋的远房亲戚，与富户发生冲突，含冤而死。汉勋在乡，素不结交贵人，至此，凭着义愤，率族人赴县控诉。县里既将此案断为自杀，想必皆为富户买通，现在来个秀才，说要翻案，那怎么行？

县里的办法，自然是劝归，并指令富户酌情赔款，同时警告邹家人，不要敬酒不吃吃罚酒。如前所说，汉勋是"伺愿而坚"的人，只服一个理字，其他软硬一概不吃。于是，知县怒了，当堂以寻衅滋事（"事不干己，诈索扛讼"）、扰乱办公秩序（"哄闹官署"）的罪名，革掉他的秀才，关入监牢，拟重治之。

其时，新任宝庆知府黄文琛，访闻属县出了这么一件事，而系狱者是老朋友邓显鹤的学生，且系冤狱，务必出手干预。只是，初来乍到，尚不及观风问俗，更别说详剖案情，若在毫无确证的情况下命令知县放人，未免有枉法的嫌疑，一旦被抓住把柄，知县向省中告状，自己也不一定兜得住。

时届端午，黄文琛生出一计。他邀请所有府县官员及郡中耆老士人，来邵阳县共度佳节。受邀各官，包括邵阳知县，不疑有他，只认为新长官做亲民秀，乐得配合他演戏，纷纷到场。及至入席，发现上座一直空着，众人虽有疑惑，再想，可能有神秘贵宾，于是也能静候。黄文琛看都到齐了，袖出一份请柬，款署"文琛顿首"四字，故意教大家看见，然后招来下属，备好轿子，嘱咐他，不管邹先生在哪里，都务必请他移驾赏光。

狱卒哪能挡住直接来自知府大人的压力？结局可想而知，又是一段阶下囚一变而为座上客的"佳话"。只是，这不是演戏，这是真事。汉勋"哄闹官署"的时候，并不寄望于未来的偶然，他只知道族人不能白死，有冤即应伸张的必然。

两年后，他从军助守庐州，城破，放弃逃命的机会，披发执刃，痛饮狂骂，死于乱刀之下。

小庙拿神陆秉枢

北京前门外有座小庙，一向冷清，咸丰某年除日，住持和尚突然召人开了小型发布会，说，贫僧近日默察庙门前地势，看到地下似有火光，虽未知其详，但感觉必有吉象，请大家拭目以待。

次日元旦，清晨，围观群众发现，庙门前的地面竟然拱起来了，一时大哗。到了黄昏，不知何物，已经拱破地面。群众请教和尚，和尚说："看上去是不是像佛祖头顶的螺髻？不过小僧不敢断言，还是继续观察吧。"

四五日后，越拱越高，终于成型，原来是一尊两米多高的佛像。佛像从土中升起，虽由泥塑，但仍应尊称为如来金身。自此，某庙的灵异传遍了京城，仕宦平民、各种善男信女，络绎前来，磕头上香，顶礼布施。

巡城御史陆秉枢听说这件"倾城聚观，举国若狂"的异事，当然要来看个究竟。不过，未到之先，他早有了主意。至寺，草草看了几眼泥佛，他就下令，将泥佛放倒，重责四十大板。带来的隶役，被眼前景象吓着了，闻命，迟迟不敢动手。秉枢怒，抢过板子，率先动手。和尚与信众，皆闭目合十念佛，不忍见陆大人遭到神谴。谁知一阵啪啪啪声之后，只见泥屑草根乱飞，并无其他异象。

秉枢稍息，又命从人取铁锹来，向地下略做挖掘，及至露出几茎豆芽，旋令停止，并当场逮捕住持和尚，带回衙门审讯。和尚见到豆芽，已知大事不好，临讯，不再耍滑，全盘交代。原来，发布会前，他已组织僧人偷偷埋了一座泥佛，而在佛像底下，则堆压数十斤黄豆，大量浇水，经过数日，黄豆不断发芽，逐渐将泥佛顶出地面，造成这道奇观。至于为啥要这么做，理由很简单，骗钱呗。

取得确供，秉枢命人抄录，贴谕全城，并罚住持和尚戴枷游街，配上庙门前逐渐茂盛的豆芽菜，给全体市民上了一堂生动的反迷信公开课，而"陆眉生小庙拿神"之谚，亦成当日佳话。

陆秉枢（1821—1862），字辰伯，号眉生，浙江桐乡人，道光二十七年（1847年）进士，仕至都察院户科掌印给事中。他是咸丰年间风头很劲的御史，直谏敢言，不忝所职，同时，也是豪爽多情的诗人。道光二十六年（1846年）冬，他北上参加会试，途经苏州，给夫人写家书，随信附了一柄团扇，题诗六首，其一云："孤舟风雨自冲寒，听遍荒鸡翠被单，不是郎心爱离别，长安花要少年看。"此诗与常见那种不以功名为念，而以亲情为重，但是透着假惺惺的安慰体不一样，它直抒胸臆，不讳言利禄，不遮掩虚荣，实为名言"出名要趁早"的先声。

花国状元江若兰

位列三甲

同治十年（1871年）秋，有好事者，自称品花主人，综合各界意见，仿照科举程序，为长沙地区的风尘女子排了一个"花榜"，一甲三名，为状元江若兰、榜眼刘梅卿与探花张京玉。

若兰是江苏人。湘军战胜太平天国，士卒凯旋，除了满载的财宝，也带回不少东南女子，有花钱买的，更多则是抢来的，若兰就是其中的一位。被掳已属不幸，更不幸的是，强盗士兵糟蹋厌了，又将她转卖给一位姓江的商人。若兰遂从江姓，而本姓已不可考。然而被转卖仍不算最不幸的事，不久，江家败落，若兰无以聊生，只得来省城做了妓女。其时为同治九年（1870年），若兰二十二岁。而从业不到一年，竟被公推为"花国状元"，对此，似不能说是不幸中的大幸，只宜无语。

讲一个故事，看时人如何形容若兰的美丽。十年暮春某日，若兰与某公子游岳麓山，在三闾大夫祠设酒小憩。同行者湘潭尹某，是个"色友"（"工西人影相术"），为这对"香草美人，风流未坠"的小儿女拍了一张合影。若兰"倚栏远睇，公子凭肩而笑，作指示状"；这种造型，直至今天亦能见着，可证近百年来大众审美趣向仍不悬隔。

近代戏曲家杨恩寿十分欣赏照片中的若兰,竟说,哪怕是《柳如是小像》《陈圆圆册子》与《张忆娘(康熙时苏州名妓)簪花图》(真迹他都见过),三位画中人较诸江若兰,"犹觉有笔墨痕"。其时距摄影术传入中国未及三十年,设备与技术俱未普及,而作为内陆省份的湖南已经有人将这种洋玩意儿运用于日常生活,略可见湘军崛起为本省带来经济文化科学方面的巨大影响。

世间美人,有只可静观而不能让她开口者,一说话,其美则减色,甚而荡然无存。若兰则否。风晨月夕,煮酒对客,若兰"语音轻脆""骋其谈锋",宾主竟能"终日不倦"。旧时嫖客固不避讳肉体享受,然对精神世界的追求似稍胜于今人。凭了辩才无碍的特色,若兰大受追捧,"倾动一时,门盈车马"。

尝有进士出身的部吏(厅局级干部),回乡作乐,在若兰面前夸口,说科举如何难考,进士如何难得。若兰笑言,妾身卑贱,素不知科甲的尊贵,前一阵,蒙诸位老板瞧得起,给我定了花榜的状元,连带侍婢巧云,也列名三甲,享受"赐同进士出身"的待遇,声价倍增矣。

清代殿试录取分三甲,一甲赐进士及第,二甲赐进士出身,三甲赐同进士出身。这位部吏为三甲进士,恰与若兰之婢同一等级,故若兰以此调他的口味。其时,江湖流传"替如夫人洗脚,赐同进士出身"之联,讥嘲曾国藩(也是三甲),正与若兰的隽语相映成趣。

状元"夫人"

有状元,则有状元夫人。顾名思义,状元夫人应是女人,而在清代,另有一类状元夫人,却是男人。

清代严禁命官宿妓,于是,为了遣忧泄欲,官们兴起了找相公的潮流——钻法律的空子,玩男人不算嫖娼。相公,或曰为"像姑"二字之讹,用今天的话说，就是"伪娘"。清代伪娘虽不能借选秀节目脱颖而出，而出人头地的首要选项同样是进入娱乐圈——那时节叫梨园。于是，与状元交好的男伶，称为状元夫人。

此外，还有一类男性状元夫人，则是名妓的相好。若兰是花榜状元，自然有状元夫人。她的"夫人"，是候补同知李生。李生的生平仕履不可考，然而，大致可以想象：李生出身富室，在所谓同光中兴的承平年代，虽未能报捷于科场，凭着家中有钱，亦能捐得一官半职，经吏部分配来湖南任职。然而，僧多粥少，他迟迟不能补得实缺，于是，淹留省城，"常作北里之游"。李生年少多金，是"合潘驴邓小闲而一者"，不仅江状元对他情有独属，"宠以专房"，各位混迹风月场的玩家亦不吝赞美，公认他为状元夫人。

而若兰毕竟不是从一而终的良家，除了李生，还有其他客人，亦须各设名分，于是，"视其资格，以判等差"，若兰除了夫人，还有若干"妾""婢"，左拥右抱，好不得意。

同治十一年（1872年），江若兰移居湘潭。湘潭是湖南的物流与商业中心。两粤、滇、黔四省与本省西北地区的货物，都要经湘江、沅水运往中原与东南，以长沙的地理位置与行政级别，固应成为经济中心，然而，长沙港"不利泊船"，不得不将经济中心的地位让与航运便利的湘潭。于是，自明代以来，湘潭一城，"帆樯橼集，连二十里，廛市日增，蔚为都会"，成为"天下第一壮县"。既是一省的经济中心，可想而知，消费水平很高，花榜状元转会到湘潭，也就是一件自然的事。

不过，商业发达的地方，另有一种风险。在长沙，若兰妙言语，善调侃，以物件多为仕宦，好歹出身读书人，俱能体会她的好处，不会因言贾祸，而在湘潭，调笑的都是商人，情况就不一样了。

湘潭虽是湖南的商业中心，商人却多外籍。金融业掌握在山西人手中，奢侈品的老板多为安徽人，福建人做烟草，苏州人卖绸布，而数量最多、盈利最大的则是江西商人，临江药材年售至八百万两，建昌锡店与吉安钱店开遍全城，如油货店、广货店与杂货店，如铜铅蜡丝，如食盐批发，也都由江西人垄断。当时江西人在湖南做生意，很有反客为主的派头，绝无受民谣所谓"江西老表靠边站"的窝囊气。嘉庆二十四年（1819年），江西商人嫌湘潭人笑话他们的口音，竟设计围杀数十土著，酿成近代著名的土客仇杀案，于此可见一斑。

无妄之灾

若兰再要照例占江西商人的口头便宜，可就惹了麻烦。她说了那些话，怎么惹得麻烦，已不可考，所知是肯定惹恼了某位江西巨贾。当然，那会儿终究是法治社会，老板本人对她无可如何，要报复，得另想辙。

时任湘潭典史聂任骁（可以拟为今天的县公安局长），严格执法，不畏豪强，曾以县中某巨室的管家冲撞他的仪仗，立即拿下，当街脱了裤子打屁股。能称巨室者，至少是省部级官员的家，任骁小小科级干部，也敢得罪他们，自此，他"以风厉名"。于是，江西老板心生一计，要借任骁之手报复若兰。

某日，老板请任骁喝酒，聊着聊着谈到"城中名媛"，乃说江若兰太嚣张，不把谁放在眼里，必是进贡了银子，请老聂做的庇护伞。任骁连连摇手，说，你扯淡，绝无此事。老板开始激将，问，你要不是幕后黑手，她这么高调，那你敢教训她吗？任骁说，屁话，这有什么不敢的。老板咄咄逼人，说，自省长（"中丞"）以下，大官豪绅，没有不认得她的，你个小小科员，也敢动她？任骁酒劲上来，奋然曰："她岂是那谁谁家能比的，那家我都修理了，何况她！"说完，砸了酒杯，即去江寓传了若兰，锁到大街上，当众抽了二十鞭。

被地方治安官借口惩罚，再有官场的朋友，人家也不会出头为她讨回公道。不论如何风光，青楼毕竟是贱业，不论如何欣赏，仕宦总要避嫌疑。若兰受了无妄之灾，却没人为她出头，不由得"明光顿减""兴致亦阑"，竟放言去做尼姑，"以忏绮语"。

在鲁莽典史没出现之前，若兰是妓，却不是一般的妓，她的门庭声气，能够误导不少人，或以为她受了高官的庇护，或认她为社交的枢纽，情色以外，总想从她这儿寻找额外的实惠，而一旦受辱于小吏，曾抱幻想的恩客们恍然大悟，若兰再是状元，也不过一妓而已，前此过分殷勤，未免荒唐了点儿。而最先明白这个转机的意义的，当然是若兰，局面既已丕变，再要从容谈宴，调度裙下诸臣，势不可得，最上策，也应暂时敛迹江湖，静以待变，所以她才传话出去，"欲改缁服，见比丘身"。

当时记者对此颇能烛照，评曰："姬果具莲花根蒂耶，或亦参口头禅耶？姑俟其究竟。"——若兰是真要洗尽铅华，回头是岸呢，还是只不过口是心非，仍将重操旧业？咱们等着瞧吧。遗憾的是，这位记者——戏曲家兼欢场达人杨恩寿，并未续录事态的更新发展，结局只能请读者去猜了。

‖ 天国臆想集 ‖

太平兵法

  太平天国领兵诸王，虽非宿将，而作战常合兵法。清军屡屡吃亏，口头上却不服输，总是说："兵法战策，草野罕有。贼之诡计果何所依据？盖有二三黠贼，采稗官野史中军情，仿而行之，往往有效，遂宝为不传之秘诀。其取裁《三国演义》《水浒传》为尤多。我军堂堂正正，岂屑为之？"彼时正人君子瞧不起《三国演义》《水浒》，概归诸诲淫诲盗之列。胡林翼尝云："一部《水浒》，教坏天下强有力而思不逞之民。"殆即此意。

  不过，湘军中一线带兵的大将不这么看。譬如鲍超，他的军事训练正得益于此。弱冠时，他好听"说部所载云台、凌烟诸将相及郭汾阳（子仪）岳忠武（飞）事迹，时时招文士讲说，一入耳即识其词不忘，并悟彻当日成败得失之故"。此与太平军的兵法都"取裁《三国演义》《水浒传》"，如出一辙。

  以胡林翼为代表的清代高官瞧不起《三国演义》《水浒》的兵法，其实是数典忘祖、大逆不道。要知道，清太祖努尔哈赤是《三国演义》《水浒》的忠实读者，且命人将《三国演义》译为满文，供臣下参习其中的文韬武略。即如袁崇焕之被戮，据说就是皇太极对《三国演义》中的离间计学以致用的结果。可见，满洲立国，《三国演义》之功莫可掩。而清国几被同样善学《三国演义》的太平军颠覆，若讲报应的话，则明人罗贯中编次《三国演义》，可视作胜国为新朝埋下的定时炸弹。

然而，太平军所向有功，则又必非毫无技艺者。经深入考察和分析，湘军情报人员终于搞清楚太平军的常训科目只有三项，而这三项就构成了太平军的核心竞争力。

其一曰"声""万人大呼'杀妖'"，其声震天，入耳惊心。

其一曰"色""衣巾旗帜，一片红黄"，视觉刺激十分强烈。

其一曰"奔走""以大旗数面各领一队，牵线急趋，以捷走不脱落为合式"。此处提及之"牵线"，是太平军最常用的行军列阵之法。一军之卒"肤相挨，足相蹑"，接续而行，队列中间以大旗数面，各领千余人。数万人行军，亦用此法，故常常"首尾蜿蜒二三十里"。清军侦探见辄丧胆，每报"贼军排列数十里"，其实不过是"一线单行"（大路亦用双行），并无旌旗蔽野的规模。"牵线"行军，纪律极严，"凡行走乱其列者，斩"；即体力不支欲稍息路旁者，其上司亦毫不留情"手刃之"。以故，数万人之伍，数十百里之途，亦能"鱼贯以进，斩然不紊"。行军途中，若遇敌军来袭，众卒唯视各队"大旗所往而奔赴之，无敢或后"，故能保持队形，临危不乱。

于是，仅凭"奔走""声""色"的技术，本应是乌合之众的太平军，居然成了劲旅。甚至在散处村馆民舍之时，一经下令，兵卒各觅队旗，实时成队，转瞬即由寄居之民变成肃杀之阵。对太平军的训练成果，湘军无可奈何；欲稍稍减弱这种民兵合一战法的威力，就只剩下烧民房这一条办法。胡林翼曾下令："打仗之时""派人先焚贼居"。"见屋即烧""无论是民居，是贼馆""凡大屋，尤须密烧"。也是无奈得很。

谜之女馆

太平天国有"女营"与"女馆"制度。战时设置女营,营中多为将士的家属,多做后勤工作,也偶有出战致捷的时候。平时设置女馆,将占领区内妇女收置一区,禁与男子往来,即丈夫、儿子、兄弟亦不许接触。天京城内的女馆,人数最多的时候有十万人。

执行女馆制度很严格,一般平民不必说,夫妻、母子犯了规,俱受杖责,甚至杀头。即使是太平天国的高官,犯规也要受罚。这是天王定下的"天条",可想而知,犯了天条是一件多么严重的事。

据当时"陷贼"的士人说,有两位侯爵,因犯天条,俱获严谴。其一"系与其妻私通",因此革职。天条高于法律,亦高于人情,所以才出现"与其妻私通"的奇葩罪行。另一位,是秋官丞相陈宗扬,偷至女馆"与其妻私会",不知怎么想的,竟联合其妻将同馆的东殿女承宣官(东王杨秀清之妹),"用酒灌醉,将其奸淫"。案发,秀清"谎谓天父下凡,将陈宗扬夫妇杀害,又将其妹责二百板,以为虽系酒醉,究竟不应从也"。

立法这事,其实无所谓善法恶法,只要人人守法,无人枉法,禁止例外,则是法治。一旦有例外,则世界最美之法,也是恶法。对太平天国的女馆制度,若仅从违背人伦、虐待妇女去批评,实未挠到痒处,应该批评的是，天国之内，是否人人都遵守了"严别男行女行"的法律。事实是，有五个人不必遵守。

"洪（秀全）、杨（秀清）、韦（昌辉）、石（达开）、秦（日纲）等五逆，各该犯处均有妇女在内，或千百人，或百余人。"诸处王府的女性，"美丽粗恶皆有"，长得美的多是从湖南、湖北、安徽、江苏等处掳来的妇女，"恶者皆系广西真贼女眷，能于持刀拒敌，则为该犯等贴身女兵"。记录者于此或抱地域歧视，掳来的几乎都是美女，固然可信，然谓桂产皆系"恶者"，恐非事实。不过，关键问题不在地域攻击，而在不平等。"除此五逆以外，余贼虽伪官至丞相名目，不许有妇女同处，即母子亦必别居，违者即为犯天条，贼法当斩。"

试问，所谓天条就是不可丝毫违反的法律，那么，天王以下这五家是怎么回事，他们守的另有天条不成？以此，当日在天京城里的围观群众要问一个朴素的问题："何以群贼肯甘心输服？此等贼理，殊不可解。"

很快就有了答案，女馆制度实行不到一年，即告废除。违背伦常固应为人唾弃，废除的根本原因可能还是另一种隐忧，即因此造成的不平等导致人心摇动，为敌所乘，适如围城中人所设想的："倘有间谍者使之因此内讧，俾大兵得以乘机剿灭，亦殊快事。"

太平军里的"湘军"

　　以湘军为主力的清军战胜了太平天国，太平天国从最高领袖到骨干官兵多为广西人，以地域论，湘桂似为敌国，然而，有不少湖南人参加了太平军，为建都天京，抵抗清军，做了不小的贡献。譬如地道攻城，不论太平军攻破南京，还是湘军克复天京，都有湖南郴州人的功劳。郴州在清代已是著名矿区，有很多地道与爆破专家，太平军从广西入湖南，克郴州，就让很多矿工加入队伍。这些人在未来攻克武昌、南京诸名城时，开掘地道，填埋炸药，测算时间，布置引线，对于攻城的胜负，具有决定性作用。而湘军最终以地道轰塌天京城墙，工兵也几乎都是郴州人。

　　据忠王李秀成被俘后做的供述，太平军攻陷南京，并没有在此定都的计划，而是想"分军镇守江南，欲往河南，取河南为业"。当天王洪秀全与东王杨秀清在座船上讨论北伐，被一位"老年湖南水手"听到，他"大声扬言"，说不能去河南，因为"（黄）河水小而无粮，敌困不能救解""河南虽是中州之地，足备稳险，其实不及江南"。今日既得南京，"有长江之险，又有舟只万千，又何必往河南"。而且，从古以来，"南京乃帝王之家，城高池深，民富足余，尚不立都，尔而往河南何也"？秀清一听，觉得很有道理，当时他是太平天国的实际控制人，遂定下建都南京之计。

这位建议定都天京的水手是湖南人，而初期太平军水师的统帅也是湖南人。唐正才，湖南道州人，原是漕运粮船里的水手。咸丰二年（1852年）冬，太平军从南方一路杀过湖南，已克岳州，拟攻武昌，正需要熟悉水战的人才，正才遂以专家身份参加革命，被东王封为典水匠，职同将军。当时太平军先克汉阳，进攻武昌，江汉风波险阻，幸得正才指挥水手在长江搭建浮桥，横渡大军，才能顺利拿下武昌。

而自正才入职，组织船舶，训练水手，太平军始立水营。第二年正月，挥师下江南，"全军战斗员和非战斗员以及老人儿童共计五十万人，辎重无数，正才把这一个庞大队伍的运输工作迅速做好，艨艟万艘，帆帜如云，沿江直下，二月，就攻克南京。论功行赏，擢职同指挥。五月，封恩赏丞相。九月，升殿左五指挥"（罗尔纲《太平天国史》本传）。

正才在天京的官邸，位于"下关大王庙旁查盐卡内""出入乘舆，早晚奏乐"。据见过他的人描述，正才"四十余岁，面黑有须，齿微露，外粗内诈，颇能笼络人心，各船水手船户多愿依附"。（按，以"外粗内诈"四字，形容当日主动参与太平军的人，真是生动而深刻。）太平天国固属"叛逆"，而又不尊孔子，因此，即有"甘心从逆"的读书人，亦不得其门而入，只能让没读过书（"粗"）而富有才能、不甘沦落（"诈"）的人进入队伍，横下心赌一把富贵。像正才这样的人并不少。譬如，其时有湖南安化人李汝昭，偷偷写了部《镜山野史》，说大清国"可恨者，君明臣不良，官贪民不安""上下相蒙，理数应乱""故一时变取（起）""并出一班英伟文武全才，辅佐太平王，积草储粮，招军养马，收聚天下勇众，如蜂蚁从王"。评其文笔，也是一个"粗"字，然而敢对造反点赞，其"诈"可知。

正才的副手，水营木一正将军许斌升，也是湖南人，原是做木材生意的商人。二人管理水营，制造兵舰，既能圆满完成东王的命令，又能体恤下属的苦衷。譬如，正才曾外调至芜湖，督运木簰至天京，"为城中首逆营造房屋"，可想而知必能讨好领袖。而东王命将"下关江口内船户水手等有千余人"俱行造册登记，正才却隐匿大半，使实在不适合参战的人"不致调拨"，稍减征戍之苦。以此治军，上下相孚，战斗力自然大增。所以有曾经"陷贼"的士人向清廷建议，"如将唐逆先行擒获，贼之水营不难立破矣"（涤浮道人《金陵杂记》）。

天京城里还有一位湖南人，多方设法，庇护平民，令人感动。据谢介鹤《金陵癸甲纪事略》，湖南人周才大，任巡查，"性不好杀，见老而无依者辄怜之。请于老长毛贼，议立牌尾馆。残废使守馆，老病使扫街道拾字纸，亦不打仗。于是佯病入牌尾馆者又七八千人"。（按，所谓牌尾，大概指十六岁以下与五十岁以上男子及残病不能服兵役的人。）入馆后，由天国"逐日发米谷，每人三四两"，可算是乱世里勉强安身的处所。不过，后来"以周才大为贼首带赴安徽，此馆又难安身"。可见此馆之设，并非天国正规制度，几乎全赖才大的一片善心。才大又为女性难民设立掩埋馆，"为女馆中抬埋死尸，先葬于城内"，后来也"可以抬尸出城""随又令馆中妇女自抬，遂有妇女藉抬尸逃窜。此端一开，妇女得生甚众"。以此，虽然写字还称他"周逆"，记事却要说才大所设诸馆，"皆城中难民难逃出城者不得已藉此藏身之计也"，显然是褒扬了。

而进入天国体制的湖南人，大致充任如下职位。如绣锦馆，"两湖贼有知画者，为伪绣锦。为之画旗、画伞、画轿衣，各贼首巢穴门扇墙壁，无一不画，登高上壁，勉为设色，笔墨遭难矣"。如诸王簿书，"系写贼文者"。如诸王典舆，"名为抬轿，亦可挑抬做工，贼目皆两广两湖"。如丞相检点指挥属下的"伪职书使，两湖人谓之头子"。如典天牢、监斩衙，"皆广西两湖残忍之贼为之"。又监造船舶，如监造金龙船总制、监造战船总制，这些职位几乎全是"湖广人为之"。而在天国建立之初，也有不甘被掳的湖南人，发动叛乱，"反戈杀贼"，不幸在铁匠馆密谋的时候，"立书歃血"，兼又痛饮，以至于喝得太嗨，被东王发觉，"执其书，按名悉杀之"。

据时人统计，在天京的湖南人，咸丰三四年间，男性最多时过万，最少时有三千人，女性先有四百人，后来不满三百人。除了江苏人与湖北人，天京城中人数最多的群体就是湖南人。这只是在京坐馆的统计，在外为天国征战的人数也不会少。

湘军众生相

"专业鉴人师"陈士杰

有网友曾发微博云桂阳县陈士杰故宅亟待保护。陈宅已于数年前定为省级文物保护单位，规模不小，建筑精美，但是，从微博照片来看，败瓦颓垣，荆棘遍地，有关部门似未尽保护之责。

陈士杰（1824—1893），湖南桂阳直隶州人，道光二十九年（1849年），选充拔贡，赴京参加朝考，得一等第一名，被用为七品小京官，分发户部，历仕至巡抚。朝考时，曾国藩为读卷大臣，士杰缘此为曾门弟子，后来参与组建湘军，文能草檄，武能杀敌，是湘军集团的重要人物。

士杰一生"以鉴别自许，然未尝言人之短"，常谓："人各有能，吾但取其长。"曾任两江总督的鹿传霖，请士杰指出自己的缺点，士杰说你有"自视过高"的毛病，传霖表示服气，可还是沾沾自喜地说："诚未见胜吾者。"士杰复曰："一言之善，一技之长，即吾师也。"

初入曾国藩幕府，恰逢鲍超因"诬告营官"论斩。超后来是湘军第一名将，此时不过是一个小队长，然而英气绝人，已经掩盖不住，"缚帐前，颜色不挠"。士杰见之大异，尽管事不关己，也主动找了曾大帅，请饶他不死。国藩从之。有趣的是，超被释，出遇左宗棠，宗棠对他说："今天我救了你，他日知报否"？左竟然冒领了士杰的功劳。超大感激，"仰天自誓"，谓将来一定报恩云云。而士杰跟在后面，听了二人对话，立即躲去一旁，生怕让宗棠难堪。"其不市德自表曝，大要类此。"

咸丰三年（1853年），国藩率湘军援湖北。先是，湖南巡抚已派兵攻岳州，统领为王鑫。鑫与国藩早已闹翻，相视如陌路。至此，国藩与鑫合军，与太平军战，不利，国藩命退守，而鑫"耻与俱退""独入空城死守"。国藩大怒，准备撒手不管王鑫的死活。士杰进言，说岳州薪米俱绝，无以为守，必须派兵救援。国藩生闷气，不答一字。士杰也生气，殆以"建议为公"，不该因此受上官的脸色，遂"退卧"。不过，躺床上想了一会儿，士杰认为，"为千人请命"，事体重大，何必在乎这些小礼数。遂又进言。国藩毕竟不是一味使气的人，熟虑之，还是士杰说得对，乃下令进援，救出王鑫全军九百余人。

若无士杰，今人或不知王鲍之名，这是他对湘军最重要的贡献。只是，鲍对士杰的救命之恩懵然不知，王"后为名将，号无敌""有自功之色"，虽与士杰并肩作战过数次，却从不言岳州之事。幸有王闿运为士杰撰行状，我们才知道低调的士杰竟有如许的识鉴与功劳。

重情重义大师兄

曾国藩幕府最有才的四位青年都姓李。李鸿章（1823—1901）名满天下，不必介绍。李元度（1821—1887）与曾国藩恩怨最深，李鸿裔（1831—1885）少年高才，激流早退。唯李榕曾共患难，对师门最有感情，而时乖命蹇，抱屈终生。

李榕（1819—1889），号申夫，四川剑州人，咸丰二年（1852年）进士，改翰林院庶吉士，散馆授礼部主事，九年（1859年），经曾国藩奏调至湘军，先入营务处，后独领一军，转战皖南北，积功仕至湖南布政使。李榕撰《曾文正公家书序》，记述先师遗泽，说国藩"谓榕容貌襟韵，常若俯视群碎，迈往不屑，为榜书'温恭朝夕'四言以相勖勉"。

国藩谢世，李榕挽联云：

极赞亦何辞，文为正学，武告成功，百世旗常，更无史笔纷纭日；
茹悲还自慰，前佐东征，后随北伐，八年戎幕，犹及师门患难时。

要理解这副挽联，尤其是下联，得先看李鸿章的挽联，他说："师事近三十年，薪尽火传，筑室忝为门生长"，俨然以班长自居。只是论资格李鸿章或长于李榕,但是师门危难之际,大师兄你又去哪儿了呢?

李榕联中"东征",谓太平天国;"北伐",谓捻军;"师门患难时",则谓咸丰十年(1860年)末,曾国藩驻军祁门,差点儿被太平军围歼的故事。若仅望文生义,此联不过李榕表彰自己的忠诚劳苦,可往深里琢磨,则言外之意,有人一逢"师门患难",则已不"及"矣。那一年,差不多正在"患难"前夕,李鸿章借故——如何处置败军偾事的李元度——与曾国藩大吵一架,不辞而别。曾国藩为此致憾,与人谈及鸿章,便尝说:"此君难与共患难耳。"当然,仅仅吹求文字,不免捕风捉影挑拨离间之讥。幸有李榕自述,可为佐证。

同治八年(1869年),李榕在湖南布政使任上,被御史参奏,因此罢职。事后来看,奏劾的主要原因是他得罪了湘中的"巨室"。其时湖南须负担援黔军费,而正常财政收入无法负担这笔费用,于是,只好用募捐的办法解决。然而,不论贫富,只数人头,人人有份,都要掏钱;还是减轻百姓负担,只向富商与世家开刀?其间大有分别。

曾国藩一语点出其中的关键:"办捐而必曰著重上户,使大绅巨室与中人小家平等捐输,此其势固有所不能。巨室之不可得罪也久矣"(同治八年七月初二日致李鸿裔)。得罪小民,小民能奈汝何,难道造反不成?得罪巨室,则有代言人闻风而起,风闻言事,"淋漓尽致,亦殊可怪,不去官不止也"(李鸿章复郭嵩焘,八年二月二十日)。

张沄,长沙人,时任御史,便狠参了李榕一折,从公到私,从里至外,列出多款罪状。而事后调查,莫非子虚乌有,甚而有人身攻击的嫌疑,如谓李榕明媒正娶的续弦夫人为"买良为贱"。郭嵩焘问明参款,不禁慨叹:"闻此摺又出于张竹汀(沄字),竹汀愚人也,乐为人所指嗾,抑亦国家之不幸也"(八年正月十三日记)。

不过,有一条确有其事,即任用退休演员翠喜做家丁。清制,"奴仆及倡优隶卒"俱属"贱民",禁与良民为伍,翠喜既属乐籍,则没有资格去李大人家听差。李榕对此事辩称,翠喜十六岁曾入乐部,后来"辗转服役官场"，至入李家，已是二十八岁，年近中年，早捐贱业，似不再有参款所谓"挟优"的嫌疑。虽然，翠喜不再唱戏，但仍然属于乐籍，李榕要么违制，要么失察，终究是犯了错误。

既然参奏大员，朝廷须派钦差复查。恭王与西太后心思细密，办事周到，派了众所周知与李榕有旧的李鸿章，同时警告他"确切查明，据实复奏，毋得化大为小，稍涉徇隐"（七年十一月十七日寄谕）。显然，不管调查结果如何，李榕的官位肯定保不住了。因为，朝廷故意派鸿章这样从情理来说本应回避的人去办案，看似宣示了朝廷对湘淮军功集团的信任，实则截住了湘淮诸大佬曲线捞人的路径。鸿章受命后，致书曾国藩，云，"（二李）同为欧、苏（按，此处代指曾国藩）门人，先后同被荐举，本应为亲者讳"，可是，"其理与势又不可以曲讳""伏祈鉴谅"。

李榕以此革职，愤愤不平，时隔多年，还责怪"当时主事者不肯实力洗刷"（谓翠喜入李宅做家丁已届中年），"恐重逢言者之怒"（复乔树枬，光绪六年四月），却浑未体谅李鸿章当时两面不是人的难处。

坊间流传曾国藩有一句名言：打落牙齿和血吞。其实，这话是李榕用以形容曾国藩的转帖，并非国藩原创首发。见国藩家书，谓："李申夫尝谓余怄气从不说出，一味忍耐，徐图自强，因引谚曰：'好汉打脱牙和血吞。'此语是余生平咬牙立志之诀，不料被申夫看破"（同治五年十二月十八日）。有趣的是，李榕能精准总结师傅的本事，却不能学以致用，终于辜负了师门"克己而天下归，言善而千里应"的期许。

桃花晚景李士棻

晚清著名幕府，幕客多是功名之士，唯在曾国藩与张之洞的幕府，常能见到学者与诗人。原因很简单，较诸胡林翼、李鸿章与袁世凯，曾、张二人对学术与文学更有兴趣。虽然，幕主对仅有文学之长而乏济事之才的幕客，格于形势，无法提携，只能让他们自生自灭。而学者因为更具条理，更能自律，倘若得到一官半职，在任表现往往胜于诗人，则出幕之后，晚景不会像诗人那么凄凉。

曾幕中最凄凉的要数李士棻（1821—1885）。他是四川忠州（今重庆忠县）人，字芋仙，十三岁学诗，斐然可观，及长，与中江李鸿裔、剑州李榕齐名，时称"四川三李"（黎庶昌《李芋仙墓志铭》，文中叙及李氏履历，未出注者皆引此文）。后来，三李皆入曾幕，榕官最尊，鸿裔学问最大，而士棻诗名最盛。

士棻与国藩有师生之谊。（按，清代举人，至京参加会试、复试与殿试，三考过关，才能获得进士的出身。）道光三十年（1850年），国藩充会试复试阅卷大臣，士棻则以会试第一名参加复试，不幸复试不能入等，未能考中进士。因此，国藩慨叹身为考官，遇到"时吟大句动乾坤"的士棻，结果却是"吹嘘曾未出风尘"，只能安慰他"细思科第定何物"（曾国藩《酬李芋仙二首》)。

除了言语慰藉，国藩还掏钱资助士棻在北京游学，"名公卿交相延誉，才名日隆隆起"。其后，四川老乡去北京会试，多须拜访士棻，所见各省举子莫不对他"推襟送抱"，邀他吃饭喝酒，"旬至再三"，而士棻的"清词丽句"，则常为这些年轻人"举似而口诵之"，甚至朝鲜贡使来到京师，也要登门问起居，"必乞其词翰以去"。海内海外，皆知天朝有个李大诗人也（王再咸《天瘦阁诗半序》）。

借着诗名，士棻游历各地，皆受优遇，地方官绅都给大红包。只是，才思太敏捷，也会损害经济效益。到河南祥符，周翼庭招待他，席间兴起，他大谈在都时如何集句撰嵌名联，翼庭凑兴，说，"吾号殊不易对"。士棻说不难，开口即吟"在天愿作比翼鸟"，翼字便有了下落。只是迟迟不说下句，座客再三催促，他才拍着屁股说："隔江犹唱后庭花。"对得十分工整，一座大笑，只有主人笑不出来。临别，翼庭给包了个最低标准的红包，士棻故曰："一联巧对，换我三百金也。（易宗夔《新世说·排调》）"

士棻逢酒必喝，逢喝必醉，逢醉必哭，让诗坛酒友受不了，遂给他私封了"文哀"的谥号。士棻不以为怪，说："婴儿笑语无常，酒人堕车往往不死者，其天全也，公等以此生谥吾，殊当吾意，吾将与阮籍刘伶为徒矣。"欣然受之，与人谈话，偶亦自称"文哀公"。不过，国藩对他这么玩儿很有意见，尝特地警告他："不可开口叹贫叹卑，不可开口能诗能文。（咸丰十一年七月十八日记）"

名士风流自赏，文人习气难除，士棻并不将老师的话放在心头。咸丰末年，他出任江西彭泽县令，到官日，携一张琴、万卷书、两具棺材，为两个儿子改了表字，云松存、菊存，殆用陶渊明《归去来辞》"松菊候门"之典。排场如此，固谓风雅，只是当时南京未复，太平军在江西并未绝踪，身为地方令长，须襄办军务，抚卫民众，怎能这么清闲，"烽火达于邻疆，方据案吟哦不觉"呢？抑或自觉不妥，数日后，他越级禀告两江总督，畅论戎机，无奈"论高而阔"，总督曾国藩"笑置之"，并又警告他，以后切莫再谈这些自己都不懂的事情。

至于两具棺材，若以士棻所赋的诗句做判断，则毫无用处。他说，"古来贤达甘无用，醉便高歌死便埋"（《旅述》）；又说，"万事向衰无药起，一身放倒听花埋"（卧游）。显然，无论醉仆街头，还是葬身花海，皆无所用其棺。

在彭泽任职的时间不长，很快国藩就召他回安庆大营，此后，又随国藩去了南京。然而，虽在幕府，国藩对他却不如以前那么亲切了，甚至"戒门者勿通"，见一面也难。士棻惶恐，写了一组诗，为自己"使酒嫚言"而道歉，希望老师再给一次机会。诗中有"怜才始信得公难"之句，国藩读到，转觉不忍，乃吩咐江宁布政使，谓："李芋仙终是才人，务为之地，勿使失所。"于是，士棻"得以温饱数年"（李详《药裹慵言》）。及至同治末年，他再次出幕，任江西南丰县令。谁知没多久又因地方财政问题，与江西巡抚刘秉璋当面争执，"语侵辱之"，被秉璋参了一折，以此免职。

其时士棻五十七岁，无房产，无存款，而老师曾国藩已逝世，再无大力护持的人，晚景极不乐观矣。如刻诗稿，需二百两银子，他向两位"同年同门之厚于赀显于仕者"告贷，竟然一文钱都没借到（《题新印诗卷序》）。日常生活也难以为继，居然绝境。谁料天不绝人，在北京时相好的一位名角儿恰在此时到上海发展事业，与他鸳梦重圆，解决了生计问题。

杜蝶云（1847—1899），苏州人，是同光间戏曲界的传奇人物，生、旦、净、末，皆所擅长，因在北京演戏得罪权贵，被迫南归，遂于上海创立新班。二人在北京初见时，蝶云只有十三岁，而今再见，虽然"一般憔悴两瓢零"，重拾古欢，竟有"老矣更期勤会面""三十余年梦未醒"的观感（《除夕留杜芳洲旅窗说梦》），确实出人意料。而更令士棻感愧的则是旧情人不仅珍惜旧缘，甚而让他住到自己家里，提供一口养老软饭。于是，为士棻铭墓的黎庶昌大发感慨，至谓"斯足以愧天下士"也。

彭玉麟的婚外恋

彭玉麟是个梅痴。一生画梅无数，写咏梅诗无数，还干脆取了个表号，叫"梅花外子"（"外子"即如今的老公）。既然玩得这么野，就怪不得后人要给他传一段野史。

1935年，李宗邺出版《彭玉麟梅花文学之研究》，打着文学研究的幌子，挖玉麟的故事。他以彭诗有"修得梅仙嫁作妻"之句，一口咬定，玉麟婚外恋人的名字就叫"梅仙"，并说玉麟曾建"吟香馆"，金屋藏娇。梅仙亡后，玉麟遂以画梅寄托相思，所谓"一腔心事托梅花"。近代史名家罗尔纲在1937年读到这本书，不以为然，不是说他不信玉麟曾有一段艳史，而是不赞成李宗邺的研究方法。他认为，"假如彭玉麟对他的恋史还留有可供我们稽考的地方的话，可能在他那些感怀的诗中会留有一些"。也就是说，他认为李宗邺"以诗证史"，战略对头，但战术错了。

于是，1946年，罗尔纲写成《彭玉麟画梅本事考》，试图揭晓玉麟的神秘爱人究竟是谁。他用的材料，一是玉麟的诗集，一是王闿运为彭氏作的行状。行状有一句话："邹夫人（玉麟妻）以朴拙失姑爱，终身无房室之欢。自太夫人（玉麟之母）卒后，遂不相面。"这是说玉麟的夫妻生活很不愉快，也可理解为玉麟婚外恋的诱因，罗尔纲也正在这个"历史背景"下考证玉麟的"恋史"。他强调，玉麟《感怀》诗第二首前四句很重要，诗云："皖水分襟十二年，潇湘重聚晚春天，徒留四载刀环约，未遂三生镜匣缘。"四句诗其实是一篇叙事短文，盖谓，玉麟与某人在安徽分手，十二年后在湖南重见，相聚四年，再次分手——接下来一句是"惜别惺惺情缱绻"，既云"别"，则生离死别都是分手。而罗尔纲径断为"玉麟的爱人死去了"，不免武断。但他之所以如此武断，是有原因的，那就是要将诗中"十二年"与"四载"的时限，与另外一首诗《梦亡友情话甚洽口占志感》（作于1884年）的"已杳音容卅七年"联系起来。

我们知道，1884-37=1847，而1847-4=1843，而1843-12=1831。那么，若能证明玉麟在1831年与某女在安徽分手，1843年某女来湘，1847年某女死，则"恋史"考证可算成功了一半。上天不负有心人，玉麟还真在1831年与一位韶龄女子道了别后珍重，只是，女子的身份不太合适，她是玉麟的姨妈。当然，不能是亲姨妈。据罗尔纲考证，这位女子名竹宾，是玉麟外婆的养女，曾带着小玉麟四处"嬉戏"；1831年，两人分别；1843年，竹宾随养母来衡阳，姨侄再见，不久，竹宾嫁人；1847年，竹宾难产死。若是时间、人物、事件就这么对上了，再加上玉麟写过的暧昧诗句，庶几可说，梅痴爱"熟女"的野史堪足升级为玉麟的婚外情信史。

可惜，罗尔纲错了。据玉麟撰其母《行状》，竹姨来湘，在1845年，而直到1852年其母逝世，竹姨仍在人世。可知，只有1831年两人分手是事实，其他两个年份都错了。然而，错不要紧，重要的是找出错的原因。若从罗尔纲提示的逻辑来说，玉麟的《行状》与诗作互有矛盾，人的记性不会随时可靠，则孰对孰错，犹有可辩。只是，他的逻辑大有问题，与玉麟的记性无关。因为，罗尔纲的逻辑建立在两组诗所怀念的是同一个人的基础上，若不能确证是同一个人（更不要说确证都是怀念竹姨），则上揭1884-37-4-12=1831的等式无法成立。然而，罗文没有一句话论证二诗所怀是同一人。不是他疏忽，而是，他没有证据。但是，没有证据，制造证据也要上，于是，他才造出一段毫不可信的野史。

至于究竟梅痴有没有婚外恋,爱不爱熟女,这依然是个不解之谜。尽管李、罗的考证都不合格,鄙见仍以为有,唯所用证据与前贤殊异。来日方长,容俟后叙。

胡林翼的"办公室政治"

湖广总督官文与湖北巡抚胡林翼，俱是清廷战胜太平天国的功臣。当时，他们的官署皆在武昌。总督号称管辖湖北、湖南二省，实则管不到湖南；巡抚虽是一省之长，可总督免不了要对湖北的用人行政指手画脚。两人关系若处得不好，就会出现所谓"督抚同城之弊"，轻则相见时皮笑肉不笑，重则斗他个你死我活。不过官、胡共事数年，不仅相安无事，更能同舟共济，破了清代官场的魔咒，堪称佳话。

普遍流传的说法，谓胡林翼走如夫人路线，请老母收官文之妾为干女儿，借机与官文结拜，为强强联合打下稳固的基础。曾任湖北布政使的庄受祺，熟悉这位如夫人的来历，说她出身"四川灶婢""历尽磨折"，辗转来楚，不知怎么就成了官文的小老婆。庄氏于此不愿明言，让我猜的话，极有可能是误入风尘，撞见总督大人微服私访，才订下终身。"不数年"，官妻逝世，此妾竟"立为嫡室""饮食起居拟于公侯，且有过之"，而且，官文对她还"甚畏之"。或亦因此，近人笔记才会说，此妾调停官、胡之争，对她老公说了一句：你懂得什么，听我胡大哥的就好了啦。

只是，还有一种说法。胡林翼出身官二代，早年在北京认了文庆做大哥，且曾共历患难，在江南科场案中为大哥顶包，受罚不轻，及至出任巡抚，文庆已是军机大臣，协办大学士。兼又时丁战乱，林翼则是当时湘军的领袖，动关大局。他怕不怕官文，要不要倾心结纳官文，还真不好说。

以此，在湖北官场军界深度混过的李云麟在光绪年间辟谣，说大家千万不要以为官文"百无一长"，甚至说什么他能封伯爵，也全靠曾国藩让功。官文最大的优点，不在于"雄长三军"，而在于"牢笼百态"。当然，给他搞出很多状态的就是胡林翼了。

据李氏之言，林翼就任，根本瞧不起官文，"事多不商酌而径行"，而对以前官文任用的干部，不仅不让升迁，甚而降级开除。督署中人"皆为不平"，请总督也参劾几个巡抚任用的干部，以为报复。官文冷静，"力持不可"。一日，巡抚令人持令箭至督署请饷，声言拿不到钱就不走。幕客大怒，对官文说，巡抚对总督如此无礼，您还能忍的话，我们以后可再没脸在这地儿待下去了。于是，大家坚请总督奏劾巡抚，草稿都打好了。

不得已，官文开导他们，问，你们谁能"提一军而御寇""如胡某乎"？皆曰"亦似不能"；再问，"即我出而剿寇，能如胡某乎"？又曰不能。官文说，这不就对了吗，"我无彼不能御敌，彼无我不能筹饷"，胡大人"独任其劳"，咱们"安享其逸"，还要怎样？别闹，都散了吧。

据说胡林翼听到了这段对话，"深悔所为"，亲向官文道歉，官文则"与之约为兄弟""从此楚军不可动矣"。

大丈夫能哭能升

许振祎,字仙屏,江西奉新人,同治二年(1863年)进士,仕至广东巡抚。咸丰三年(1853年),入曾国藩幕,主要工作是帮忙写信,"常一夕治官书八十通",而在咸丰八、九年间,曾幕书启几乎全由振祎包办,可见他的勤奋与聪明。李鸿章尝以《将进酒》体,赋诗称颂曾幕人才之盛,云:"诗家许浑殊翩翩,苦吟欲度饭颗前。"这一句说的就是振祎。

咸丰九年(1859年)许振祎中举,出幕,次年会试不中;其时国藩东山再起,书启方面的得力助手只有李鸿章一人,亟须帮手,于是写信给振祎,请来安徽帮忙,同时又托鸿章之兄瀚章,嘱其催促振祎就道。然而振祎因家事不能远离,令国藩感叹"仙屏不来,书启竟无佳手,殊为焦心"。

振祎与国藩,除了办公极有默契,私人关系也很密切。曾家的藏书,有很大一部分都是振祎替他采购的。晚年到广东任巡抚,他还常向属吏宣讲老领导的轶事,其中有一句,是国藩对书法的意见,知者或鲜,值得一记。他说,"曾文正尝言,作书要似少妇谋杀亲夫",这话什么意思呢?国藩的解释是:"既美且狠。"

既与国藩有师弟之谊,论辈分,他得称年纪差不多的曾国荃为世叔。光绪十二年(1886年)六月,振祎从河南按察使升任江宁布政使,顶头上司两江总督，便是这位世叔。他不但对秘书工作认真负责，而且在走上领导岗位后，也是特别勤劳廉洁，官声极好。只是，他的主观能动性或许太强了点儿，"委任处分，先行后咨"，渐有包揽把持之势，作为他的上级，国荃不过"垂拱仰成"而已。

国荃其实不是很在乎这些，且还乐得清闲。但是，自认被布政使侵夺了权力的官员，则不能甘心，于是，"谗人交构其间，猜嫌日生"。振祎一则忙于工作，无暇公关，二则仗着与曾家深厚的交情，不屑公关。而国荃耳根软，成日听各官讲振祎的闲话，众怨沸腾，不免想要缓和矛盾，保持南京官场的稳定，拟于年终总结的时候，对振祎"少示贬抑"，向朝廷暗示他不宜在地方任职，最好调去中央工作。

官场自有人传达这些风言风语，振祎闻之，不免"彷徨无计"。六合知县姚德钧是他的心腹智囊，献了一计，说，借纪念曾国藩的由头，在南京新建文正书院，可以解厄。振祎别无办法，只好依计行事。而事出仓促，并无专项经费，募捐缓不济急，自费则素有廉名，掏不出钱。他仍请德钧想办法，最终，挪用耕牛补贴，才能兴工。

书院落成之日，举办追思仪式，振祎请国荃主祭，自己陪祭。礼成，振祎伏地不起，恸哭好不胜情。国荃被他哭得心动，不由想起这么多年来曾、许的交谊，旋即自责，怎能这样对待重感情的朋友。

年终考语，国荃"捐除前事"，在密折里对振祎大大表扬了一番。光绪十六年（1890年）二月，振祎擢河东河道总督。

主角与配角

咸丰七年（1857年）七月初一，太平天国英王陈玉成率四万人，湘军鲍超率四千人，在湖北黄梅县意生寺大战一场。此战胜负，关系重大。太平军胜，则湘军不能继续围攻九江，武昌亦岌岌可危，而克复南京的远景将渺不可见。

太平军筑起数座高垒以困霆营，最巨者五。鲍超将全军分作五队，自领一队，先请其他四位队长"各自指攻一垒"，己则"指当中一最大坚垒"，开始冲锋。所谓"垒"，就是碉堡，中容数十至数百人不等，或二层或三层，高自二丈至四丈不等，垒壁开设枪洞炮穴，墙头则向外抛掷火包、灰罐、石块、喷筒等物。战斗打响后，其他四队"十荡十决，骤不得手"，而"伤亡渐众，几不能支"。攻垒至于"几不能支"是个什么景况？即谓黄继光不出，则将全军尽墨也。霆军无黄继光，唯有一余大胜，自请"由贼墙炮穴梯肩而入"。要完成这套战术动作，十分艰难。大胜须闪躲炮火，扒近垒壁，然后踩着战友肩膀攀援至炮眼附近，迅捷钻滚扑入，起身即与敌兵展开肉搏，忙中偷闲，还得向外扔出绳索，供战友攀援。大胜不愧为大胜，"鼓勇先登"，一击得手。鲍超当即"率十余壮士继之"，攻入垒内，斩敌数十名。许是这些人如天兵天将一般的气势震慑了守军，"余贼不敢格斗，悉奔聚垒心，拥护贼酋"。登垒人员越来越多,鲍超却让他们不着急围攻垒心,而将数十杆军旗——霆军旗帜无字,上面只绣三个黑圆,太平军称为"鲍膏旗"(赵增禹《书鲍忠壮公轶事》)——沿着垒边"环而树之"。其时,"垒心贼尚数百人,皆瞠视不敢也"。树旗毕,霆军这才掉转头来逼近垒心,守军魂飞丧胆,始四散而逃。其他四队苦战欲竭之际,陡然望见大垒之上黑旗飘动,便知主将业已克敌,"一时愧愤所激",信心大增,"各殊死战",亦将各队负责之垒先后攻破。五座大垒被破,太平军防线大乱,于是,小奔引发大奔,一溃激成全溃。玉成在黄腊山上指挥所里,亲见四万围军被不足四千之敌军冲溃,不禁黯然神伤,"只身逃去"。

仗打完了,留下一件公案。因为当日与霆营同驻一处的多隆阿,亦为名将,何以在这场大战中不见踪影?

上述战况,取材于陈昌《霆军纪略》。此书纪事止于光绪七年(1881年),刊于光绪八年(1882年),时鲍超犹健在。书中记事,系陈昌在夔州鲍府当面采访得来。其书谓战前多隆阿怯于敌势,不拟强攻,鲍超则自愿留守作战,并请多隆阿率马队围观,多隆阿闻言"壮之,因从其计"。若然,多隆阿的表现,确属不堪。

如有可能,应该听听多隆阿自己的意见,他的部下雷正绾,编有《多忠勇公勤劳录》[光绪元年(1875年)],雷氏且曾参与此役。孰料展卷大惊:意生寺之战发生在七月一日,而雷书记日竟无"七月初一日"字样。只说:"将军(都兴阿)恐,下令欲退军。乃乞援于围攻九江之湘军及长江水师,一战歼焉,所有战垒百余座悉数削平,仍将黄梅克复,楚省二次肃清。"此谓全军龟守待援,解围之功全归于九江围师,竟无一字提到意生寺之战。

胡林翼是多、鲍二人的领导,看看他的报告:

"都兴阿于七月初一日四更,派翼长多隆阿督马队、副将鲍超率步队,分五路进攻黄腊山等处贼巢。贼见我军遽至,亦分股漫山遍野齐出抗拒,鏖战数时之久。多隆阿侦知贼以怯懦老幼之贼守垒,而伏捍贼于村落以截我军,遂商令鲍超分兵绕攻贼垒之后,多隆阿派马队直冲村落。伏贼尽起,势甚凶悍，兵勇正在血战，经多隆阿跃马舞刀，挥队继进，兵勇枪箭齐施，殪其悍贼数十名，贼始败窜。维时鲍超即率勇追杀，分攻贼垒，施放喷筒、火箭延烧贼营，四面火起，群贼狂奔。我军会合痛剿，贼尸遍野。"

首先，他不似雷正绾，对此次大战视若无睹，而是说七月初一这天，"鏖战数时之久"。其次，他不似陈昌，说多隆阿袖手旁观，而是说多隆阿"跃马舞刀"参加了战斗。再次，"分攻贼垒"之责由霆军担任，多隆阿无与焉；此则与陈昌所述相同，唯无鲍超对多隆阿说"前敌交锋事，公可不问也"的嘱咐，而加上了多隆阿"侦知"敌情后"商令"鲍超攻垒的情节。

若不读陈、雷二书，但泛览此折，读者很难找出可疑之处。除非，留意到折末这段"春秋笔法"："查黄梅马、步各军，大获全胜，前后斩馘以万计，为楚军罕见之奇捷，虽系都兴阿、李续宾调度得宜，亦由该将领奋勇图功。据都兴阿查明谋勇兼全、首先登垒、战功懋著各员弁，声请随折先行保奖前来：其鲍超一员，连日血战，率同亲兵累尸登垒，身腿受伤仍不少却，尤为忠勇罕匹。"（胡林翼《黄梅马步各军会剿黄腊山等处并黄州移营剿贼大获胜仗疏》，咸丰七年七月十八日）

这一段是报捷奏疏中例应具备、用作结尾的"保奖"名单。都兴阿虽曾下令撤退，但他仍是意生寺之战名义上的指挥者；而李续宾自南岸渡江来援，有堵截追剿之功。都、李分任两军统帅，故以二人"调度得宜"作为"仰恳天恩优加奖励"的发语词，此系旧时奏折的套话，与今日"在某某同志领导下如何如何"的滥调，同一机杼；不赘。着重要看的是"保奖"名单中的排名情况。显然，在这场"罕见之奇捷"中，鲍超以"忠勇罕匹"，荣膺功首。而且，其他参战有功人员，不论生死，都只以"附片"申请奖励，并没享受到鲍超这种随"专折"加以表扬的待遇。附片保奖五人，其中，密雅明阿是都兴阿亲兵营营官，何有贵、易容贵、陶忠泰、陈德懋都是霆营军官。由此可知，不但鲍超荣膺最佳个人称号，霆营也获得了最佳集体奖。然则多隆阿在此役表现实属平庸，概可想见矣。是故，谓林翼此折，不动声色，而暗寓褒贬。

两年后，曾国藩追忆此战，云"意生寺之役，则马队并未在场"（曾国藩《复胡林翼》，咸丰九年十一月二十日申刻）；有此一语，事实昭然，益知林翼作奏不动声色而暗寓褒贬，其为春秋笔法无疑义也。

至此，公案了结：多隆阿未参与意生寺之战，此战纯是鲍超力挽狂澜的个人表演。

再说几句闲话。罗尔纲《太平天国史》卷五十六《传》第十五《陈玉成 刘昌林》，于此役无一字提及。同书卷二《纪年》亦不言此役。此战，清军以少胜多，不致因大举回援而撤九江之围，并因湖北防守成功而挺进安徽，实在不容阙书。当时记此役者，如汪士铎、雷正绾、陈昌、梅英杰诸书，俱标玉成之名，罗先生固知有此一战，不应从阙。罗先生笺证李秀成供词，屡屡指责清方记载讳败夸胜，称为"秽史"；而对英王的败仗，则也采取为贤者讳的"春秋笔法"，略而不提，是以"秽史"之笔自污也。

毕竟战功谁第一

湘军攻南京，入城首功为邵阳李臣典，载诸当时诏奏，似无疑义。然而，朱洪章才是第一位冲入南京的将领，这种说法也很有说服力。

洪章（1832—1893），字焕文，贵州锦屏人，苗族，官至总兵，谥武慎。二十岁，洪章加入时任镇远知府胡林翼的勇队，其后，再改隶塔齐布麾下，后入曾国荃之军，参与攻打南京。他在地域主义严重的湘军，"以黔军特立"，不得不付出比他人更多的血汗。他指挥工兵开挖地道，"垂成而陷"，四百人无一生还，他也差点儿牺牲，擦干泪，继续挖，终得成功。克城前夕，国荃召集诸将，问谁打前锋，竟然无人应声。洪章愤而出队，受了令箭，遂于地道爆发之后，"从火焰中跃冲缺口上"，以长矛牵引部下，"肉薄蚁附而登"。等他的敢死队进了城，才有"诸将从之"。

这段记载见于他的自传。曾国荃为他自传作序，也是一篇证词，谓"甲子金陵之役，（洪章）于枪炮丛中抢挖地道，誓死灭贼，从城缺首先冲入，因而削平大难"。然而，作序时已是光绪十六年（1890年），洪章两年后便过世。作为前敌统帅，国荃为什么不在二十年前如实报告，让功臣享受实至名归的待遇？

一般解释是，当日跟随洪章入城的"诸将"之一李臣典，克城半个月后病逝，曾国藩"深为可悯"，遂授意幕府调整功臣次序，将臣典换为第一。细节则见于沈瑜庆（贵州巡抚，"中兴名臣"沈葆桢子）特为洪章鸣冤的诗序，略谓，洪章知道自己被黑，愤愤不平，找国荃要个说法，国荃能说什么呢？乃"以靴刀授之"，说，次序调动，这事由我哥做主，我不知情，但我知道实际操作的人，是幕客李鸿裔。你去手刃了他，解解气，如何？洪章"笑而罢"。张之洞据此，还专门奏请为洪章落实政策，恢复名誉。

李家不高兴了。臣典之孙世由，虽好佛学，对此却不能忘情。他说，爷爷辈的老帅、老将军走得差不多了，剩下一个朱洪章，偏还"黄金满籝"，于是到处找人写翻案文章，"汲汲于身后之名"。而拿钱胡写的人真不少，积非成是，以致"听者不察"，谬种流传，"甚矣笔载之不可不慎也"。于是，他也搜集了一些官司记载，为先祖正名。

掌故爱好者黄浚却不爱听这话，他说，到底谁第一个冲入南京，还真有疑义。第一，"国人例归功死者"，臣典破城不久即死，大家徇乎人情，归功于他，可以理解。第二，洪章不是湖南人，在军中或受排挤，以至湘人攘其功，也能理解。第三，找到曾国荃原奏，写得很清楚，登城九将，不仅洪章排名第一，甚至臣典犹未列名。第四，曾国荃之序，沈瑜庆之诗，张之洞之奏，这岂是有钱就能买得到的？因此，他敢说"朱洪章首功，当时必有极普遍之传说，殆可信也"。

脸谱 · 曾国藩

曾国藩的书单

近代学者钱穆先生,在民国二十四年(1935年)写了一篇《近百年来之读书运动》,解释清代道光朝以来读书风气的变化,特别选取陈澧、曾国藩、张之洞、康有为与梁启超为代表,介绍并点评他们"对后学指示读书门径和指导读书方法的话"。曾国藩在五人中官爵最高,事功最大。钱先生是博学而高明的学者,谈的又是读书问题,特意把曾国藩列进去,可以想见,国藩在发现自己学问不够以后,"困知勉行",获得了不小的成就。

凡人读书皆有课程,曾国藩也不例外,用他的话说,就是"刚日读经,柔日读史"。日子怎么分刚柔,难道是硬一天,软一天?非也。解释很简单,就是单日与双日。不过,不是初一单初二双这样的单双,而是另有讲究。古代以天干计日,如甲子日,甲是天干。天干有十:甲乙丙丁戊己辛庚壬癸。其中,甲丙戊庚壬,这五个天干居于奇位,属阳刚,故称刚日,也就是单日。乙丁己辛癸,居偶位,属阴柔,故称柔日,也就是双日。日别刚柔,最早大概见于《礼记》："外事以刚日，内事以柔日。"单日读经书，双日读史书，这是曾国藩读书课的基本日程。

经书与史书，是泛称，具体是哪些书呢？国藩认为，必读的"四书五经"以外，还有一些不得不读，且要认真读、反复读的书，其中以《史记》《汉书》《庄子》与韩愈全集最为重要。《史记》《汉书》与《庄子》，几乎是所有传统中国读书人的必读书，而韩集也列为必读，则体现了国藩个人的兴趣。国藩的朋友发现，在写重要文章，甚至写奏折之前，国藩会随手抄起一册韩文，翻来覆去地看，直到看出了灵感，才开始写自己的文章。可见韩愈对他十分重要。

此外，还有四种必读书。先说《资治通鉴》《文选》与《古文辞类纂》。《资治通鉴》是编年史，从先秦讲到五代，是国藩"柔日读史"的主打书目——他也买了二十三史，只是不如《资治通鉴》读得熟。《文选》是先秦至南朝的古代文学选集，《古文辞类纂》选录从战国到清代的古文（相对骈文而言的散文），二书也在传统读书人的基本书目，不必详说。值得多说两句的是国藩自己编选的《十八家诗钞》。从曹植到元好问，从魏晋到金朝，国藩选了十八位大诗人的六千余首诗，本来只是"私家读本"，后来也出版了，供世人参考。

以上是必读的八种书。然而不能只看必读书，还要看其他书，只是典籍浩如烟海，该看哪些人的哪些书呢？这就有个读书门径的问题。曾国藩说，自己在学问上一无所成，然而，对于读什么书，如何治学，却是略知门径。有的人读了一辈子书也不知道学问到底是怎么回事，学术是怎么回事。一个人会不会读书的关键，就是这"略知门径"四个字。当然，略知门径之后，是不是能够登堂入室，这个就有幸有不幸了。不过不知门径却能登堂入室，这就是天方夜谭，不可信从了。国藩对读书门径有自己独到的见解——正因为他的自觉，钱穆才将他列为近代读书的代表人物。读书门径，或有高下、广狭的不同，但最重要的价值，在于适不适合。以此，说国藩对读书门径有独到见解，并不是在学术史的层面说他有哪些超越前人见解的地方，而只是说，这个门径很适合他自己。

孔子之门有四科，叫作德行、政事、文学与言语。对国藩影响很大的桐城派，则强调义理、考据与辞章。国藩自认为明了其中的要义，乃结合桐城的三种功夫与孔门四科，写了一篇《圣哲画像记》，按照义理、考据与辞章的分类，同时符合孔门四科的标准，列出国史上特别重要的三十四个人，以为读书治事的典范。

考据，则是孔门四科里的文学，与历史有关，与制度有关，更与经济（经世济民，非今日所云经济）有关。人选略分今古，先说"古人"：许慎，是《说文解字》的作者；郑玄，笺注很多经书。二人是非常重要的汉学家（汉代之学）。然后是杜佑与马端临。杜编《通典》，马编《文献通考》，是古代典章制度方面的重要著作。这四位相对国藩来说都是古人。再说"今人"，尽管也隔了数十上百年，然皆属于"国朝"，所以说是今人。顾炎武，国藩将他列在考据门，更重视他在史学的贡献。秦蕙田，撰《五礼通考》，此书对国藩影响甚巨，在日记、书札与笔记中常能看到他讨论此书的内容。姚鼐，是桐城派古文运动的发起人。王念孙、引之父子，是著名的小学家。

对这一门的人选，钱穆极表赞扬，说曾国藩很有眼光。清代考据最重小学（文字、音韵与训诂），所谓读书须先识字，又所谓一字不识学者之耻，人选中以许、郑、二王最为擅长。但是曾国藩把杜佑、马端临、顾炎武、秦蕙田与姚鼐这几位似乎不属正宗的学者也放到考据阵营里，那么，用钱穆的话讲，这就是"在经学之外扩开了史学，在校勘训诂之外又辟出了典章制度，把考据的范围扩大了"。一旦扩大，对于古代社会，乃至当代社会的理解，就会不一样。所以他说，曾国藩在这方面的见识是非常高明的。

曾文正公吐槽录

八卦之心，人皆有之；曾国藩也不会例外。做大事的人，地位高的人，一般不会公然八卦，曾国藩也不例外。国藩在两江总督任上，与幕客赵烈文甚为投缘，一些不足为外人道的八卦，皆说给他听。烈文有记日记的好习惯，把这些话都记了下来，以此，才有这篇吐槽录。

吐槽曾国荃

既然要八，则不避亲，不隐仇。最亲近的，自然是他的九弟——曾国荃。用左宗棠的话说，国藩的"谋国之忠"，是允称典型的；然而，这类人公而忘私，谋身之拙往往也不让人先。作为权势当时无两的中兴第一功臣，国藩私人财务状况之紧张，出人意料。钱少，自家艰苦朴素一点儿，还能混过去，可是，"亲属贫窭者甚多"，未能分润，终是"心中不免缺陷"。所幸，"九弟手笔宽博，将我分内应做之事，一概做完"。国荃倒不是贪墨，只是对于分所应得乃至俗以为然的各项灰色收入，来者不拒，因此，比国藩有钱得多，而接济穷亲戚这事，也就顺理成章让国荃做了。对此，国藩的总结是："渠得贪名而吾偿素愿。"

国荃素无国藩那样的大志向,仗打赢了,钱赚到了,念兹在兹的就是求田问舍。可是,他的审美大有问题,"宅外有一池,架桥其上,讥之者以为似庙宇",而新屋"亦拙陋",没啥看头。更糟的是,这么难看的房子,不但"费钱至多""并招邻里之怨"。建房需大木,而湘乡之地不产大木,偶尔有之,不是坟树,就是植于人家屋舍旁借以纳凉的老树,皆不愿售。国荃一根筋,不惜重价求购,于是,往往以二十倍市价得之。

国荃买田,也有问题。他喜欢规模化收购,一买一大片,可问题是一大片田不止一个地主,其中有愿卖的,也有不愿卖的,如"素封"之家、"世产"之地。国荃不顾,非要强行收购,人家拗不过他,只能含恨出手。如此,田价"比寻常有增无减",可还是"致恨"。相较而言,其他湘籍高官,回乡买地,数量"何啻数倍九弟",只因方法对头,态度温和,"人皆不以为言";唯有国荃,钱花得比人多,地买得比人少,招怨独多,口碑最劣,"其巧拙盖有如天壤者"。

说到国荃的暴发户习气,另有一事。咸丰七年(1857年),国藩居丧,亲家母从长沙来,说请他帮忙,在湘乡买点高丽参。国藩怪之,说,买奢侈品应去省城,怎么到穷乡僻壤来找?亲家说,"省中高丽参已为九大人买尽",只好辗转来曾宅匀几支。国藩不信,遣人打听,孰料真有此事。原来,国荃在外领兵,认为高丽参治疗外伤有奇效("人被创者,则令嚼参,以渣敷创上"),遂在长沙大量收购高丽参,以致断货。只是,这种疗法实无奇效,国藩不由慨叹:"不知何处得此海上方。"

国荃统兵,战胜攻取确实有一套,做官则嫌"懵懂"。同治三年(1864年),身为湖北巡抚的他,参劾按察使唐训方,列明过犯之后,折末云,"(唐氏)系督臣得用之人,恐失和衷之道,请皇上作为访问"。(按,巡抚参劾按察使,略当今日之省长向中央打报告请求罢免公安厅长,其实那个时代地方长官的权力更大一些),只要说清楚按察使犯了哪些过错即可,何必没事找事,说什么按察使是总督的人。难道是总督的得力助手,就连巡抚也要忌惮几分?这么一说,置国法吏则于何地,岂不摆明了说吾省官场有派系有人事斗争？更搞笑的是，不过两月，国荃竟上折参劾总督，试问，这时候就不怕"恐失和衷之道"了？国藩对此，评曰："令人大噱。"

不过，国荃之中年与晚年，区别很大。后来的乐观大度，自在恬和，似换了一人。此或与国藩的劝诫有关。国藩尝云："人生皆运气为主，七尺之身，实以盛运气，故我常称人身为运气口袋。"又云，"不信书，信运气"。用今天的话说，可算他的"成功观"。具体到国荃身上，他说过："（国荃）之攻金陵，幸而有成，皆归功于己。余常言汝虽才能，亦须让一半与天。彼恒不谓然，今渐悟矣。"这些话，既是"谋事在人，成事在天"的科普版，细究也是卑之无甚高论，只看内心能否真正信从。照传统标准而论，国荃晚景甚佳：年寿既高，子孙繁衍，且有出息；许是真悟了他大哥的话？

吐槽左宗棠

曾国藩与左宗棠是一对冤家，这事不是秘密，大家都知道，只是，曾、左从什么时候结下梁子，知道的人或许不多。看看国藩的自述。

咸丰三年（1853年），作为"空降"的团练大臣，国藩在长沙组建湘军，因为资源有限，与湖南巡抚骆秉章不可避免发生冲突。所谓资源，一是人力，二是财力。国藩的理想，是率领本土的精兵强将，利用本省的财政收入，去省外"迎剿"太平军。秉章是地方首长，则认为优势兵力与稳定收入皆应为湖南所用，不要管外省的闲事。然而，一省的兵力有限，财力也有限，不足以同时支持两套战略。于是，曾、骆展开竞争，抢人抢钱。

抢人方面，当时最重要的将领王鑫，转投骆秉章；最有潜力的塔齐布，则忠于曾国藩。二人勉强算是平手。当然，决胜疆场与运筹帷幄都很重要。武将以外，还得抢文职参谋。其时，最有名望也最有才干的参谋长人选，当然是左宗棠，遗憾的是，他选择留在湖南，为巡抚服务；另有郭昆焘（近代名人嵩焘之弟），是理财第一高手，也选择在地方工作，不去远征。综而计之，抢人，国藩输了。

其次则须抢钱。国藩善写奏折，哭穷本领大，博得皇帝的授权，硬生生从湖南的财税收入割走几片肥肉，获得启动资金。此外，在省内交通要道设点征收厘金，获得长期有保障收入，能够支持军队的可持续发展。而向在籍高官、地方素封之家劝捐，也是筹饷的主要办法。只是，"劝捐"二字说得好听，一旦执行，往往成了"勒捐"。试想，草创阶段，国藩既不能给人颁发文凭，也不能给人发放官衔（这两种执照例由户部、吏部颁发），人再有钱，也不会听劝啊。所以，国藩只能耍无赖，搞勒捐。

勒，就是绑架勒索的勒；谁家有钱，又不听劝，则绑了他家的人，让他家花钱来赎。陶澍，湖南安化人，前两江总督，当时已过世，留下孤子陶桄主持家事。国藩向陶家劝捐，陶家不给，国藩即遣人捉了陶桄，声称为富不仁、不念国恩，且有勾结地方匪类嫌疑，需暂行羁押，配合调查。他用这招勒索了不少湖南的大户人家，都能得手，却没想到，陶家不是善茬儿，令他得不偿失。

得，是陶家终于屈服，出钱免灾。失，则谓国藩拿了这笔冤枉钱，还没焐热，就被各方势力联手赶出了长沙。陶桄的姐夫，叫胡林翼，还好，没因此与国藩叫板；可是他的岳父——左宗棠则对女婿的遭遇大致不满，要讨还公道。事隔多年，国藩淡淡地说："左季高（宗棠）以我劝陶少云（桄）家捐赀，缓颊未允，以致仇隙。"而在当时，动静可不小。

名义上，宗棠只是巡抚的幕客，用今天的话说，不在编制内。实际上，宗棠拥有巡抚的权力。他任免官吏，调遣军队，分配财物，审讯案件，甚至自行草奏，盖用巡抚公章，鸣炮发送，而在此过程根本无须向巡抚请示。不知道的以为湖南巡抚是骆秉章，明事儿的就知道湖南巡抚是左宗棠。

国藩难道不明事儿？他有苦衷，太缺钱了，为了钱，只能装作不明，只能装作不知道陶家与宗棠啥关系，对宗棠的女婿也是绑架勒索了再说。既然如此，宗棠也不跟他客气。当然，高手过招，不露形迹，宗棠不会傻到直接批评曾国藩的勒捐行为——说实话，他也干过这种事。宗棠的反击，是全力维护湖南官场的权益，尽量不让曾国藩占到便宜——他作为巡抚的首席智囊，在其位谋其政，无可厚非。于公，巡抚骆秉章乐见事态如此发展，于私，他与宗棠同气连枝，连带着对国藩也不讲礼貌。所以，国藩才说"骆吁门（秉章）从而和之，泊舟郭外，骆拜客至邻舟，而惜跬步不见过"；都是堂堂大员，咫尺之隔，竟然连见面说几句客套话这样的虚文也不讲了。双方势成水火，可以揣想。

结局大家都知道，省城官场在巡抚的默许下，对国藩群起而攻，国藩扛不住，只能逃往衡阳，另起炉灶。至于四年后，国藩从江西回来，宗棠借题发挥，痛斥他不忠不孝，论者或认为这是曾、左交恶的开篇，其实错了。唯有国藩知道得最清楚，他们哥儿俩的梁子，早就结下了。

吐槽乩仙

测字、看相、寻地脉、观天象、茅山法，诸凡种种，皆属所谓"封建迷信"。据说，稍具科学素养的现代人，都不信这一套。只是，在今天，谈星座、玩塔罗牌、讲求风水的人，遍地都是。这些玩意儿，即使由计算机程序演算，又能比"封建迷信"先进到哪里去？尽管前辈时贤的这类消遣都不怎么科学，然若亲身经历一些"怪力乱神"的事情，又不得不信几分"迷信"。鄙人固然见过几桩，不过，遵圣人之教，谨守"不语神"，只介绍一件曾国藩的落后事迹。

咸丰八年（1858年）四月二十九日，国藩在籍守制，一日，听说老九（其弟国荃）家请了乩仙，不由兴起，"步往观之"。一去，只见亲戚邻人围住沙盘，各问功名，扫兴的是，乩仙根本无视，沉吟不答。再三请教，乩仙才画了九个字："赋得偃武修文得闲字。"这几个字的意思是说，请作一篇题为《偃武修文》的赋，而这篇赋限用闲字韵。围观群众问功名，乩仙不正面回答，却出了一道作文题，大家纷纷摇头，表示压力很大。国藩不愧是博闻强识的学者，最先反应过来，说："这是一条旧灯谜，打一字。"

什么字呢？这条谜语的制作方法称为"清面法"，即"注销法"，也称

"题面叫出法"，即"谜面有字没有踏实谜底文义，这个衍字又能用注销词叫出。"于是，欲解此谜，关键在于"注销"谜面的"衍字"。谜面既曰"得闲字"，那么，就是说："得"字，是闲字，是没用的字，可以"注销"；而前面的"赋得偃武修文"，去掉"得"字，就成了"赋偃武修文"，这才算"叫出"了真正的谜面。接下来就不难了。"赋"字，由贝、武构成，既说"偃武"，则是将"武"放倒，剩一个"贝"字；又说"修文"，则是添一个"文"字。谜底就是：贝 + 文 ＝ "败"。

国藩猜出谜底是"败"字，却不知其意所在，继续咨询："仙何为而及此？"乩仙一看来了知音，速速作答："为九江言之也，不可喜也。"湘军主力部队由其时的第一名将李续宾率领，于四月初八日从太平军手里夺回了江西九江城，捷报早已传至湘乡，而乩仙竟说"败"，竟说"不可喜"，这是怎么回事？仓促间，又问，大仙您这是"为天下大局言之耶，抑为吾曾氏言之耶"（是说大清要亡国呢，还是曾氏会败家）？乩仙答："为天下大局言之，即为曾氏言之。"国藩虽没听明白，还是不由自主感到"凛然神悚"。这一轮问答，令人不得要领。可是国藩一时间也想不出什么有价值的问题，只好与大仙拉家常，问您贵姓，几级干部，这是要往哪儿去。这位乩仙，开始是高深莫测，这会儿一变而为平易近人，说，俺免贵姓彭，河南固始人，官至都司（清代武职，正四品），咸丰二年（1852年），死于征战，升天后，上天念我保家卫国，劳苦有功，特授云南大理府城隍。今日赴任，路过湘乡，与你相见，十分有缘，给你泄露一点儿天机，别人我还不告诉他。云云。聊了一会儿，国藩还是没搞明白"败"字啥意思，遂"再叩之"，不料方才热闹非常的沙盘，至此"寂然不动"。看来，大仙忙着赴任，已经上路了。

猜着了"败"字，却猜不着何人会"败""败"在何处。直到半年后，国藩才知道，天命早定，仙不我欺。其时，李续宾于克复九江后，受命攻打庐州（今安徽合肥），一月之内，率部长驱五百里，连克太湖、潜山、桐城与舒城，锋锐无比，一时无两。只是，太平天国火速调集陈玉成与李秀成两路大军（人数在十万至三十万间），回援庐州，在庐州西南的三河城，团团围住湘军（人数不足六千）。十月九日，两军决战，结果是湘军被太平军全歼，主帅李续宾自杀，国藩之弟国华也在此役殉职。

三河之战是湘军战史上最惨重的败绩，也几乎扭转了太平天国的颓势。彭大仙半年前教曾国藩猜的"败"字，有了下落；他所说的"为天下大局言之，即为曾氏言之"，也有了下落。国藩是真服了，多年后谈及此事，说："其效验昭之如此，且先半载知之，则世俗所云冥中诸神造兵死册籍等语，非为荒唐之说矣。"

中堂大人真有"皇帝梦"？

曾国藩想不想做皇帝？这是一个问题。想与不想，除了当事者，他人不能探知，以此，可以说这个问题不属于历史研究的范畴。然而，虽在曾氏及同时之人的诗文书信中找不到线索，但有很多笔记小说都谈到这个问题，相关的民间传说也不少，对这些材料进行考察，穷原竟委，仍算是历史研究。

有些传说毫无根据，所谓"小说家言"，一听就是假的。譬如，彭玉麟写个小纸条给国藩，云："江南半壁江山，老师其有意乎？"国藩大惊失色，即将纸条揉成一团，吞了下去（梁溪坐观老人《清代野记》）。有些传说则出诸曾氏后人，值得认真对待。譬如，国藩幼女纪芬《崇德老人自订年谱》云湘乡工匠称颂国藩，歌曰"两江总督太细哩，要到南京做皇帝"；又如，罗尔纲认为太平天国的忠王李秀成是"伪降"，即以国藩的曾外孙女俞大缜转述其母曾广珊的一句话为证："李秀成劝文正公做皇帝，文正公不敢（《太平天国史》卷五十七《李秀成本传考证》）。"前者"乃湘乡土人鄙俚无知之词，非出曾氏兄弟意也"（黄濬《花随人圣盦摭忆》），不能作为国藩有称帝之念的证据；后者是曾氏家人代代相传的"口碑"，明说国藩"不敢"，言外之意，似谓国藩对做不做皇帝这个问题还是想过的，因此，罗尔纲说："可见曾国藩确有要当皇帝的野心，他是'不敢'，而不是'不干'。"但是，再仔细一想，由这句话得出国藩确有"野心"的结论，似嫌轻率。凭情而论，只能说，至今并无国藩本人想做皇帝的证据，只有他人劝进的事迹。

或云王闿运亦尝劝进，流传甚广的故事大致如此：闿运进谒国藩，劝他自立，国藩以手指蘸茶水在茶几上写了很多个"荒唐"，随后，国藩因事走开，闿运看见这些字，乃怅然告辞。这也是"小说家言"，但是，较诸前述彭玉麟劝进的故事，有本质的区别，因为，此非向壁虚造之事，而是对可信史料的改编。杨钧是杨度的弟弟，也是闿运的学生，撰有《草堂之灵》，其中有这么一则故事："湘绮（闿运自号）云，尝与曾文正论事，其时曾坐案前，耳听王言，手执笔写。曾因事出室，湘绮起视所写为何，则满案皆'谬'字。曾复入，湘绮论事如故，然已知曾不能用，无复入世心矣。"既为闿运亲述，此事当可信；闿运交游甚广，有可能对杨钧以外的人也讲过这个故事。于是，曾、王论事不谐，广为人知，而传闻渐失实，将闿运未曾明言的所论何事，改编成讨论称帝之事。

然而，闿运虽未劝国藩称帝，却尝劝他做另一桩大事。咸丰十一年（1861年）七月，清文宗病卒，幼子嗣位，以肃顺为首的顾命大臣与恭王、慈禧太后形成三足鼎立之势，明争暗斗。闿运以肃顺为知己，乃致书国藩，劝他率军入京，"申明祖制"，与恭王及肃顺联手，"亲贤并用，以辅幼主"，从而阻止慈禧的"垂帘听政"。对于这个大胆提议，一贯谨慎的国藩不以为然，故"得书不报"。此后，恭王、慈禧联手干掉肃顺，闿运骤失奥援，且有被列入"肃党"的危险，于是，"太息痛恨于其言之不用"（王代功《湘绮府君年谱》卷一）。不过，国藩于肃顺之败并非无动于衷，且尝在私人谈话时对僧格林沁将第二次鸦片战争期间天津的败绩诿过于肃顺表示不满，慨叹"天下无真是非"（吴汝纶同治八年三月廿四日记）。

由此可知，曾国藩"不敢"做皇帝，也无意干预清廷的权力之争，他是一个本分人。但旁人、后人不这么想，总想让他干点儿破格的事，即便羌无实指，也不妨碍他们津津有味地"意淫"。

老曾的痞子腔

曾国藩办理天津教案，上不协于天心，下不理于众口，同侪借机倾轧，旧友驰函责备，他实在挨不住，对外说了一句"内疚神明，外惭清议"的套话，私下，则写好遗书，交代后事，准备以死明志，洗刷"汉奸""卖国"的污名。

彼时的"洋务"，略当今日之外交，这门事业，三百余年来，从来不是一件好办的差使。当其所谓"盛世"，主事者要配合圣上的天威，不能不骄横；而在所谓"衰世"，承乏者为圣上做挡箭牌，又不得不谄媚。总之，发而不能中节，不发飙则发怵，往往违背"中庸"的故训。国藩固然是一代伟人，仍须受制于时代精神，不能幸免。所幸中央看出苗头不对，怕他真想不开做了傻事，特派他的徒弟李鸿章来接班，收拾残局。

据鸿章自述，国藩见了他，不待寒暄，即问："少荃，你现在到了此地，是外交第一冲要的关键；我今国势消弱，外人方协以谋我，小有错误，即贻害大局。你与洋人交涉，打算作何主意呢？"鸿章的回答很直白："门生也没有打什么主意。我想，与洋人交涉，不管什么，我只同他打痞子腔。"（按，"痞子腔"是安徽土话，在近日语境，不妨理解为：你与我讲道理，我跟你耍流氓；你跟我耍流氓，我与你讲道理。）

国藩闻言，抚须沉吟，良久无语。鸿章见状，知道错了，急忙请教。国藩徐徐说道："依我看来，还是用一个诚字。我现在既没有实在力量，尽你如何虚强造作，他是看得明明白白，都是不中用的。不如老老实实，推诚相见，与他平情说理，虽不能占到便宜，也或不至过于吃亏。脚踏实地，蹉跌亦不至过远，想来比痞子腔总靠得住一点儿。"鸿章俯首受教，自称日后办理各种洋务，皆"用一个诚字同他相对，果然没有差错"云云。

蒙所不解的是，国藩的教言与鸿章的"痞子腔"，本质区别在哪里？列强耍流氓，咱实力不济，当然只能跟他讲道理，若对着耍横，岂非找死？而一旦东风战胜了西风，咱这不又开始耍流氓了吗？即以鸿章办理外交的实际言行而论，在"同光中兴"之世，对东西各国，他忽而讲道理，忽而耍流氓，且不论成效如何，单说一个"诚"字，实在罕见。再说，鸿章出身翰林，久居高位，是所谓"流氓有文化"者，究非一般痞子可比。思来想去，"痞子腔"似无大错。国藩之所以反对，不过因其言不雅驯而已。

转头再看国藩的"诚"字诀用得如何。犹在太平天国战争期间，当淮军的著名外援戈登将军离开中国之前，专程去安庆拜谒了国藩，其时，他任两江总督，节制包括湘、淮军在内的四省军务。戈登此行，先已约好与国藩商讨解散外国雇佣军的善后事宜，以及清军在战事上还需要哪些说明。然而，国藩临事更张，从头至尾，只与戈登研究英军制服有几种花色，佩剑是否美观合身，未来若戈登向女王申请爵位，自己能不能帮上忙。无疑，国藩讨论这些话题，态度是十分诚恳的。

戈登的观感呢？他认为，曾国藩在各方面都能与李鸿章形成比较。鸿章"身材高大，举止稳重，神态威严，目光如电，一言一行都表现出他的思维敏捷与行动果断。他的着装也显示出了他的财富与品位"。国藩呢？"中等个子，身材肥胖，脸上皱纹密布，神色阴沉，目光迟钝，行为举止都表现出优柔寡断的样子。对我在中国取得的成就进行恭维，谀辞令人作呕。他的服饰陈旧，皱皱巴巴，甚至有斑斑油渍"。戈登对二人做了总结性评价："作为军人来说，他们的功绩可能是旗鼓相当的，但在管理国事办理外交上，李鸿章所表现出的能力与见识就不是曾国藩能望其项背的了。"

悲剧了。在外宾看来,打"痞子腔"的李鸿章,背信弃义的李鸿章(苏州杀降,导致戈、李决裂,戈登甚至说过要手刃李鸿章),竟然比"老老实实,推诚相见"的曾国藩得分要高得多。

诚之一字,还真是难言。

重婚罪

曾国藩尝为苏轼《和蔡景繁海州石室》诗作跋。此诗是名篇,其中,"倚天照海花无数"之句,尤为国藩所欣赏。然而,国藩之跋,却非评论文学,而别有所系。跋云"坡公往游(按,谓海州)时,携有妓女,诗中所谓'后车仍载胡琴女'者也;后,婢已遣去,故又云'前年开合放柳枝,今年洗心参佛祖'。伊川常谓'心中无妓',余观坡老,襟怀洒落耳"。这里的跋语有个小错误,说"心中无妓"的,不是程颐(伊川),而是其兄程颢(刘宗周《人谱类记》卷下)。不过,这个笔误并不重要。重要的是,国藩为什么要赞扬苏轼遣妓为"襟怀洒落"?

要回答这个问题,首先得明白,此处所谓"妓",不是寻常所说流连街巷之妓,而是买归家中的娱老之妾。此义既明,接着看苏轼的故事。苏轼有妾,姓王,名朝云。苏轼下放惠州,尝于初秋之日,命朝云唱一阕《蝶恋花》,孰知朝云刚唱了两句,便"泪满衣襟",难以为继。苏轼不解,问她何故,朝云答曰:"奴所不能歌,是'枝上柳绵吹又少,天涯何处无芳草'也"。闻言,苏轼大笑,说:"吾政悲秋,而汝又伤春矣。"遂罢唱。不久,朝云逝世(佚名撰《林下诗谈》,载陶宗仪编《说郛》卷八十四)。朝云唱不了"天涯何处无芳草",浅视之,是担心自己地位不稳固,随时有被取而代之的风险。深一层作想,则是老夫少妾之家,夫死之后,恩爱顿消,其妾之出路不容乐观,虽云"何处无芳草",实则处处是荆棘也。因此,通达的老头,往往在生前有遣妾之举,给她一些钱,甚至替她找个人家,善为归宿。如白居易,虽因老年娶妾被当代佞人骂作"老嫖客",但也有"病共乐天相伴住,春随樊子一时归"之诗(《春尽日宴罢,感事独吟》),为其妾樊素做了安置。苏轼本人也是如此,他说:"予家有数妾,四五年相继辞去(《朝云诗·引》)。"

不以己之老病,耽误她的青春,此即国藩所称之"襟怀洒落"。然国藩所赞在彼,自家心里别有一份情愫,却隐而未发。

国藩有一妻一妾,人所共知。其妾早亡,他欲再买一妾,则知者不多。同治八年(1869年)三月三日,他给儿子纪泽写信,说,"日困簿书之中(按,国藩时任直隶总督),萧然寡欢,思在此买一妾"。并提出了具体条件,一是不要京、津之人,因为听说"京城及天津女子,性情多半乖戾"。所属意者,是江南女子,"或在金陵,或在扬州、苏州购买皆可";一则"但取性情和柔、心窍不甚蠢者,他无所择也";最后,有一段申明,谓应向女家讲清楚,此"系六十老人买妾,余死,即可遣嫁",并引用苏轼《朝云诗·引》之语,说"未死而遣妾,亦古来老人之常事"(《湘乡曾氏文献》,第1173~1177页)。于是,前揭跋语云云,可与国藩的现实生活做个对照,也可以窥见他的言外意,盖"襟怀洒落",即"余死即可遣嫁"也。

然而,直到同治十年(1871年),他仍未买到合意的妾,其后,也不再谈娶妾的事。原因如何,未有确证,但从其弟国荃于十年九月写给他的家书,似能看出几分消息。国荃劝他买妾,说"耄耋期颐,乃兄固有之寿,倘得少阴以扶助老阳之气,益觉恬适有余味矣";又劝他不必担心因此隳坏晚节,谓,娶妾"固无关于一生之大者,随其心之所安而已"(《湘乡曾氏文献》,第5368~5371页)。可见,此时的国藩似对娶妾娱老之说产生了怀疑,更看重的是身后之名会否受损。

白居易和苏轼都不曾因老夫少妾而影响"一生之大",国藩则患得患失;

相形之下，襟怀不够洒落矣。当然，这些事迹和情感的发生，都有一个共同的语境，那就是传统中国。今日之人，不必借口古已有之，遂行"襟怀洒落"之事，亦不必拿着《婚姻法》，去追究古人的重婚罪。

难言之隐

自三十余岁起,曾国藩"遍身癣毒"发作,痛痒难耐;此疾于少年时代即现端倪,这次全面爆发。此后,癣疾不时发作,尤以事务繁忙时发作得最为厉害。作家张潮曾说"痛可忍而痒不可忍";曾国藩对这句话的体会必较常人深刻得多。据通行说法,曾氏此疾当定案为牛皮癣;其实不然。

同治三年(1864年)秋,刚刚收复南京,曾国藩即奉命北上"剿"捻。同时,他还要主持裁撤湘军的工作,时刻担心退伍兵勇因欠饷而发动叛乱。更恼火的是,对于幼天王的下落,左宗棠与他各执一词,在私函公牍中连连发难,搞得他意绪大恶。身心俱疲之际,癣疾应时大作,他给曾国荃写信通报病状,"湿毒更炽,遍身发烧",而接下来的一句话,则令读者瞠目结舌:"余于(道光)二十六年秋亦遍身发烧,医者皆言是杨梅疮毒气发作;余不敢服攻伐猛剂,吴竹如劝每日服槐花一碗,亦无寸效。"如此说来,曾国藩竟得了梅毒?

钱钟书借方鸿渐之口,说鸦片和梅毒"都是明朝所收的西洋文明"。其实,元代和尚继洪《岭南卫生方》中已有"治梅毒疮方",并谓梅毒原名"木棉疔"或"天疱疮";钱先生于此不免小眚。回头再说曾氏的"杨梅疮"。"医者皆言"云云,似未确诊为梅毒。他且不敢服用专治梅毒的"攻伐猛剂",如牡蛎散、五宝丹之类——明末名医陈司成治疗梅毒,将"矾石(砷)、云母石、硝石"等烧制而成"生生乳",即为避免"轻粉（砷）内服"而产生"水银中毒";曾氏所见与之略同——似更证明他的癣症并非梅毒。不过,"日服槐花一碗",又透露出一点儿消息。据医学名著《景岳全书》之《新方八证》介绍,槐花炒制成炭,可用来治杨梅疮;然则,国藩虽拒"猛剂",而所服槐花,仍是用于治疗梅毒。如此说来,曾国藩真得了梅毒!

李时珍斩钉截铁地说：梅毒"皆淫邪之人病之"。曾文正公是人间楷模,竟厕身"淫邪"之列,这可怎么办？思来想去,我为曾公找了一条"厕遁"的解法："先患疮之人,在于客厕之后,其毒气尚浮于厕之中,人不知,偶犯其毒气,熏入孔中,渐至脏腑（窦梦麟《疮疡经验全书》）。"其实,还有一种解法,更能令曾公脱离"淫邪"之嫌,不过我不敢用,因为,那种解法将梅毒归咎为"父母胎中之毒"（窦书）,我怕曾公怒其辱及父母自九泉之下来找我的麻烦。

脸谱·咸丰

谁要跟朕抢骨头？

清文宗奕䣺（1831—1861），登基时才二十岁，尽管大局不妙，还是想励精图治，大有作为，可是辛苦做了几年皇帝，局面不仅没有改观，反而变得更坏。他也绷不住了，开始"纵情声色"，自号"且乐道人"，要破罐破摔了。

召戏班进宫唱戏，是一大乐事。当时排行第一的名角，是春晖堂周翠琴（1837—1857），翠琴字稚云，苏州人，"质丽神清，有藐姑仙人之目"。只是佳人命薄，二十一岁就逝世了。剧评界对此极表惋惜，至云，（翠琴）空前绝后，"不但一身不永，后亦无复有丽人可继芳躅者"。

翠琴生日为二月十四日（作者注：许善长谈麈卷四谓为十一日），而二月十五日是传统所谓"百花生日"的花朝节；忌日在三月杪。御史陆秉枢为他作挽联，即从生卒月日发挥，云："生在百花前，万紫千红齐俯首；春归三月暮，人间天上总销魂。"措语明白，使事妥帖，而寄托深远，确是佳对。

只是，"人间天上"四字，又有一点儿讽刺的意思。人间，都知道是哪里，天上呢？可以解释为帝王的居所。以此，时人记录这副对联，加了八个字"一时传诵，流闻禁中"；禁中，指紫禁城，即谓奕詝也听说了这件事。

皇帝日理万机，本不该关心这些事，可是"且乐道人"钟情于梨园，不会不知道这些事。然则知道又如何，是不是该为陆大人这份悼词道出了自己的心声而暗暗叫个好？不是。因为陆秉枢不但写对联，还写奏折，抨击皇帝沉迷于征歌选色，不把国家大事放在心上。当然，秉枢没有直接批评皇帝，而是批评皇帝身边的王大臣，不但没有尽职尽责，反而逗引皇帝观剧度曲，荒废了朝政，并建议皇帝严肃处理这些佞臣。

这类折子，原则上只有上奏的大臣与览奏的皇帝才能知晓，但是，作奏的臣子或多或少以敢批逆鳞为荣，总会有意无意向人透露其中的消息，于是，陆大人敢谏直言之名，也是"一时传诵"。可是，奕詝既已基本放弃做个好皇帝的努力，同时又不能捐除年轻人好勇斗狠的习性，怎么会乖乖挨骂？

他拿起红笔，在折尾批示，反击陆秉枢。他说，你陆秉枢"不论事之重轻"，总以"要誉"为目的，有机会就跳上道德高地对我扔砖头。听戏捧角，多大的事儿？你连篇累牍不够，还要"旁及军务夷务""以为耸动之具"。你到底真关心军国大事呢，还只是念念不忘自己的几两虚名？"居心殊不可问"也。最后，还不解气，发动人身攻击，写道，你也听戏，你还为戏子作挽联，"亦与优伶等类"矣，你为这事与我较劲，跟狗抢骨头有啥区别（"譬之犬之争骨群吠"）？

这段朱批，是因英法联军闯入圆明园，很多机密档案流布民间，经李慈铭访闻，录在日记，今天我们才能读到。

"且乐道人"与地行仙

清文宗是少年天子，登基时，励精图治，颇有澄清天下之志。某日深夜，想到自己为国家与民族操碎了心，然而国势军情毫无改良的希望，不禁失声痛哭。而至英法联军攻入北京，烧了圆明园，太平天国犹踞金陵，半壁江山换了主人，"天下几无一片干净土"，他就从"忧勤"转为"倦勤"，悄悄做了放弃的打算，开始纵情声色，不理朝政，并在行宫自称"且乐道人"（龙绂瑞《武溪杂忆录》，谓"闻之王湘绮先生云"。按，王闿运与当时权臣肃顺亲近，听到宫闱秘史，极有可能）。

不过，即在初登大宝之年，他已萌生了好名畏死之心。

皇帝之名必须避讳，故明清皇帝取名多用生僻字，不愿因避皇帝之讳而大肆更变常用的语言文字。文宗名奕詝，詝字不是常用字，避书此字，并不会引致日常生活太不方便，也不会造成改刊改刻的大浪费。孰知文宗不但要避詝字，还要求避同音的注字。这可好，不能注意，不能注目，也不能发帖注水了。而"行礼有仪注""古今通用之字也"，则也要"改为行礼礼节"了。以此，曾国藩谏言，乃谓"于小者谨其所不必谨，则于国家之大计必有疏漏而不暇深求者矣"。

禁止他人乱写，文宗自己却大写特写，刚上位，就要出版御制诗文集。

尽管皇帝天纵英明，勤政之暇，也要作文赋诗，体现"好古之美德"，可是，一位二十一岁的年轻人真要这么着急吗？于是，曾国藩特地黑了他一道，云："列圣文集刊布之年，皆在三十四十以后。皇上春秋鼎盛，若稍迟数年再行刊刻，亦足以昭圣度之谦冲，且明示天下以敦崇实效、不尚虚文之意。（《敬陈圣德三端预防流弊疏》，咸丰元年四月二十六日）"文宗虽是少年，毕竟受过帝王专业的教育，知道国藩说他并不是没有道理，只好示以大度优容，记下这笔，日后算账。三年后，国藩组建湘军，君臣奏答，文宗逮住机会便痛骂了国藩几次，或可视作迟到的报复，唯非本文主题，请勿赘述。

而所谓畏死之心，则见于修筑定陵一事。咸丰元年（1851年）九月三日，文宗面谕定郡王载铨、工部右侍郎彭蕴章与内务府大臣基溥，命他们着手"相度万年吉地"。预先为自己挖坑，固然是帝王家的一件大事，可是二十一岁的皇帝，在南方乱象已彰的局面下，仍然对此过于上心，是不是有亏帝德？次日，他又找来承办万年吉地的三位大臣，说，江西巡抚陆应谷"于地理之学，素所讲求""本日已明降谕旨，令该抚来京陛见。陆应谷接奉此旨，交卸后即行来京"。并命陆应谷启程之前，在江西访求一两位"精晓堪舆"的绅民，"带同进京，以资商酌"（《文宗实录》）。

应谷从伯父学习堪舆，富有经验，又能读书（翰林），通晓理论，遂于道光末年撰《地理或问》。这是一本问答体的"卜葬"科普著作，风行海内，以致皇帝都知道他有这门特长，特诏进京，主持千秋大业。然而应谷知道自己并非真能坐言起行的大师，为帝陵择址这种大事，得请真正的行家才行。他从江西带去了比自己更通晓堪舆的彭定澜。

彭定澜（1795—1866），字盈川，号恬舫，江西乐平人，道光五年（1825年）举人，时任弋阳县教谕。他赴京后，花了一年多时间，为文宗选定河北遵化平安峪，开工兴建，这就是未来的定陵。咸丰三年（1853年），定澜从首都回籍，办理团练（已升候补知县）。五年，经督办皖南军务的前江西巡抚张芾奏调，定澜赴徽州军营出力，不久，升任安庆府同知，尝署池州知府。县教谕是八品官，若无特别机会，往往终身不得进一阶。定澜因有勘测阴宅的本事，数年间升至从四品的知府，居然成了高级干部（按，彭氏卒年与履历，据李鸿章《为彭定澜请恤片》，生年据一档案馆藏咸丰二年三月召见档，1987年《乐平县志》所载生卒年皆误）。

或亦因为勘定帝陵的名气，定澜所经之处，大员皆乐与酬答。引荐他见皇帝的陆应谷，奏调他到安徽军中的张芾，再次推举他为皇帝妃嫔择地的大学士彭蕴章，以及赋诗赠别的大理寺少卿王拯（《赠彭恬舫太守定澜出都，彭君时为当事保相吉地事竣》，中有"珠履未归天监籍，青囊元是地行仙"之句），莫非当时的名臣，甚至两江总督曾国藩，素来秉持家训，不信地仙，听说定澜来安徽候补，也特地请他到办公室，"与之久谈"，而且根据自修的相法，判断他"面貌类有道之士"（同治元年四月廿六日记）。

定澜的"地理之学"，不限于卜葬，尤能卜基。同治三年（1864年），从亳州、阜阳、蒙城与宿州各划出若干土地，设立新县涡阳。同治五年（1866年），曾国藩视察其地，"新县城基即彭恬舫定澜所相视之处也"。定澜的"地理之学"，还能以静制动。他辗转军中，亲历战事，竟然整合阴阳八卦、太岁神煞、舆地方位的知识，编了一部《兵家方道指南》（一名《行兵择吉备览》），以为"剿贼之一助"，神乎其神，令人叹为观止。

同治五年（1866年），定澜以七十二岁高龄，出差办案，"奔驰感冒"，于十一月十七日病故于婺源。第二年二月初一日，奉旨，彭定澜着照军营立功后病故例，"从优议恤，以慰苌魂"。"地理"家死在路上，真是死得其所。而那位四海为家的天子，虽亦早死于逃亡之途中，然须等到这一年，定陵建成，才真正入土为安。

皇帝策划的"被捐款"

清代中央财政结存最高的一年,是乾隆四十二年(1777年)。据户部银库黄册,这一年的财务资料,为:旧管,七千四百六十六万;新收,一千八百一十一万;开除,一千零九十五万;实在,八千一百八十二万。(按,旧管、新收、开除与实在这四个名目,合称"四柱"。四柱清册法为吾国传统会计法,创立于唐代,沿用至清末。用现代会计术语,四柱分别相当于期初结存、本期收入、本期支出与期末结存。)

经过顺治、康熙、雍正、乾隆四朝,一百多年的时间,好容易攒下八千余万两银子,交出一份漂亮的财报,谁能想到,再过七十余年,国库里的实在银两竟比不上当初的零头。且看是如何败家的。

最大的败家子,不是别人,正是高宗弘历。在他手上,固然录得最高的实在数,然而,到嘉庆三年(1798年),只剩下一千九百万。不过二十年,六千万两银子,没了。钱都花哪儿去了?边疆的战事,名园的兴造,外省的巡幸,诸凡所谓"盛世"必需的文治武功,件件皆要花钱。弘历大胆施行"积极财政",钱就这样给造没了。钱没了,弘历还挺安逸,自称"十全老人",以为"旷古未有"。其子仁宗颙琰乐不起来,只能汲取教训,稳健理财,不再追求虚头巴脑的盛世风光,总算扳回一局,卸任时留下二千七百万。继位的宣宗旻宁，克承父志，崇俭去奢，一度创造了三千三百万的佳绩，颇有恢复元气的指望。无奈，旻宁八字太差，命不该富，陡然与国际接轨，遭遇了鸦片战争，军费及赔款花差极大，最终导致巨亏。道光三十年（1850年），国库仅余八百万矣。然而，其子文宗奕𬣞更惨，登基即与太平天国大开内战，敌占区的赋税收不上来，各地军队的费用却不能少，于是，至咸丰三年（1853年），实在一栏填的数字是一百六十九万六千八百九十七两，创了新低。但是，最惨的是，一百六十九万并非真金白银，只是账面资料，经审计，当年的库存"实银"，只有十一万八千七百零九两（据董恂《还读我书室老人手订年谱》，咸丰十一年（1861年），实银竟只有七万余两）。

就这么点儿银子，教人家怎么做皇帝？当时若有退出机制，我敢赌五毛钱，奕𬣞会选择辞职。奈何做皇帝没有辞职一说，奕𬣞还得硬着头皮干下去。封建社会真是暗无天日啊。左支右绌，计无所出，奕𬣞一想，对不起，朕只好玩厚黑了。黑谁？黑"富绅"。请注意，此所谓富绅，不是指有钱的百姓，而是指家资丰裕的在任及退休高官。百姓按时足额纳了税，即已完成对国家的义务，哪怕政府濒临破产，他也不用再多出一文钱来搞什么"同舟共济"。民犹水也，与坐船的可不是一伙。

咸丰三年（1853年）二月，财政上的当务之急，是没钱给在京官员发工资。御史文瑞出了个主意，说，"令富绅捐助，即可凑成巨款"。这一招，八成不是文瑞想出来的，而是先承了皇帝的"意旨"。奕𬣞装糊涂，问，都有哪些富绅啊？文瑞立马开了单子，包括历任宰相——穆彰阿（革职）、潘世恩（致仕）、卓秉恬（在职）、耆英（降革）与陈官俊（已逝）——在内，共计十八家。奕𬣞说，好吧，"所指各家均于初十日赴户部衙门候旨，有老病不能亲往者，着子弟一人代之"。

届期，退休高官济济一堂，见面，寒暄数语，各就为啥子来户部报到交换了意见，迅速达成共识："今日之集，必系劝捐。"随后，又就如何完成这项政治任务，开展讨论，一致认为：各家虽有富名，但多为不动产及投资，并无大笔现金，即算全数拿来充公，也是缓不济急，应请皇帝宽限一个月，才好筹集现金。大概是看老干部们商量妥当了，惠亲王、恭王、僧格林沁及户部尚书文庆，方从堂后走出，宣读圣谕："文瑞所奏之人，皆系受国厚恩，当此时势艰难，谅各情殷报效……"穆彰阿历官最显（大学士，军机领班大臣，俗称"首相"），结局最惨（文宗登基即遭罢斥），跪在头一位，在这风雨飘摇的时候，想想国家，看看自己，不由得百感交集，"当即伏地痛哭"。随跪于后的诸人，亦皆泪流满面。

哭毕，"三位王爷即邀诸老在大堂茶话"，泪痕犹在，开始算账。你来我往，商讨"久之"，穆、卓、耆，三家共捐四万两；潘世恩，三千两，孙瑞珍（户部尚书），五千两。其中，捐额稍巨之家，以筹款需时，允许分期付款，如崇实（通政使），三日内缴三千两，一月内，续缴九千两。王爷们对此表示欣慰，赞他"爽快"。然而，也有报出一个数字，被王爷打回要求加码的，如陈介祺（官俊子，翰林编修），请捐一万，僧格林沁不同意，说，你家最近刚收了一家银号，这些人里就你家最有钱，咋能捐这么少？最终，以四万成交。事后统计，十八家共捐二十余万。

捐款，一般而言，要自觉自愿，而由皇帝下了圣旨，号召捐款，则可称"被捐款"。今人有抱怨被捐款者，看了这个故事就知道，早有典型，吾道不孤矣。

此外，这次被捐款活动，据说与文瑞素来嫌恶陈介祺有关。僧格林沁当时主持军务，何能对陈家的投资项目如此门清？必也是文瑞事先做了详尽调查，并极力怂恿勒捐巨款所致。而奕䜣尽管一年前罢了穆彰阿的官，犹有余憾，明知他虽曾位极人臣，其实家底不厚，却非要让他列名"富绅"，破财出血，方能泄愤。

一江春水

第二卷

大乱初定，咸与洋务，此乃扯旗扬帆的希冀之世

1873 - 1895

世态·二

记名提督王总兵

数年前游历，曾见一块神道碑，上书"诰授建威将军江南苏松总镇王梦虎公神道"，又谓墓早挖毁，只余残碑，同行友人好奇，询问我此为何人。

"总镇"即总兵，清代苏松镇总兵驻崇明，查民国《崇明县志》卷十《武官表》：光绪二十年（1894年）总兵王衍庆，字梦虎，湖南军功，二月到任。衍庆在野史有一定地位，如民国严庭樾撰《中兴平捻记》，第二十回即说到他，回目云：曾侯相节制三省，王衍庆独当五河。

正史也有篇幅。嘉业堂抄本《清国史》第十一册《新办大臣传》，有《王衍庆列传》，略谓，衍庆，湖南湘阴人，武童生。咸丰六年（1856年）至湖北，入李孟群军，不久，孟群战死，所部解散，巡抚胡林翼命鲍超组练霆军，咸丰七年（1857年），衍庆转隶鲍超麾下。此后，随军攻打小池口、黄梅、意生寺、黄土冈、太湖诸要隘，转战三省，每役立功。咸丰八年（1858年），他积功升至都司，委带霆营中军。咸丰九年（1859年），适逢湘军主力六千人被太平军全歼于三河，霆军在皖鄂间东奔西突，苦撑危局，而衍庆是军中主将，正月，左胁中枪，裹创"不少退"，率部再克太湖、潜山，为湘军在大败之后立定脚跟做出很大贡献。

咸丰十一年（1861年），太平天国英王陈玉成全力回救安庆。当时，围城之师由曾国荃统率，游击护卫之师则以霆军为主力。玉成命刘玱琳在城北集贤关外赤冈岭设垒踞守，力抗湘军。四月，衍庆偕霆营诸将"日夜环攻"二十日，终克之，并生擒刘玱琳；玱琳，太平军当时第一悍将也。奏功，得旨以副将尽先补用，并赏给勇猛巴图鲁名号。

八月，胡林翼逝世，而霆军转隶曾国藩麾下。衍庆在江西、安徽作战，勇猛如昔，渐谙部勒之法，遂为国藩所瞩目，累膺保举。同治元年（1862年）三月，诏以总兵记名简放，五月，赏加提督衔。同治三年二月，诏以总兵交军机处存记，遇缺先行题奏。旋以老伤复作，回籍疗养。同治五年六月复出，国藩奏荐，谓"堪胜专阃之任"，同治七年（1868年），诏以提督记名简放。（按，提督为从一品，是武职最高阶。）衍庆自普通一兵做到提督，用了十二年，十分迅速。自此，先后转战东南、华北与西北，递属曾国藩、左宗棠、李鸿章指挥，所向有功，伤病累累。然而，从未获得实缺。直至光绪二十年（1894年），垂垂老矣，两江总督曾国荃悯怀宿将，奏调他到江南，办理营务处，旋署苏松镇总兵，此时距记名提督之日，已经过了二十五年。而在总兵任上不过二年，衍庆即病逝。

其间，老上级为他争取过，自己也努力过。同治七年（1868年），曾国藩进京，慈禧太后问他，此行是否从江南带了将帅，国藩以衍庆之名对。六月，及接任直隶总督，即上密奏，谓衍庆"系霆营骁将，资格最深，性情和厚""十余年来，臣皆珍重而护惜之"，恳请太后简用他为正定总兵，以备缓急。奏上，不报。光绪六年（1880年）十月十九日，王衍庆进京，慈禧接见了他，只是，仍未解决他的职务问题。

王衍庆还算幸运的，临死终于做了一回货真价实的正印武官，还有不少同乡，只能将从未兑现的顶戴与功牌带进棺材。

浊世清心杨昌浚

或问湘军将帅怎么与各省人士乃至太后皇帝交谈，答云：一代有一代之普通话，不必为古人担忧。不过，他们的普通话水平也有高下之分。如胡林翼与曾国藩，自中进士，点翰林，长居首都，不要说官话，哪怕是北京土话，至少也有"识听唔识讲"（即，会听，不会说）的造诣。而那些科举成绩不佳，尤其乡试未中的朋友，若非出身富贵，则几乎丧失了去首都观光的资格，尽管在乡中有塾师为之"正音"，他们的普通话级别还是要低一些。

如湘乡杨昌浚（1827—1897），光绪十年（1884年）八月，由漕运总督调闽浙总督，入京请训，慈禧太后召见数次，恩礼优隆，陛辞日，太后问哪天走？杨说初十。太后不解，再问，初四不是过了吗？昌浚一愣，知道听岔了，可卷舌音就是发不出来，音调也不顺溜儿，只好"以两手指作十字形，重言曰初十"，太后这才明白，"为之辗然"。湖南人对十（shi）四（si）不分，谭（tan）唐（tang）相混，由来久矣，"而湘乡人口音尤为伧浊"。

九年前，昌浚在浙江巡抚任上，遇到杨乃武小白菜一案，以"不能据实平反"，且对属官"始终回护"，奉旨即行革职。后经左宗棠奏调，帮办甘肃新疆善后事宜，逐渐恢复了待遇，其间，赋诗吹捧左宗棠，《恭颂左公西行甘棠》"上相筹边未肯还，湖湘子弟满天山，新栽杨柳三千里，引得春风度玉关"，竟成西域佳话云云。

昌浚的仕途虽有浮沉，又在大案当了反面角色，其实还算一个品行不错的能吏。

譬如俭德。当浙抚革职，将回湖南，而宦囊萧索，几乎不能启程，部属集资三千两饯行，才免了尴尬。回家后，布衣茅舍，怡然自得，人称"薯蔬总督"。又如贞德。昌浚是农家子，五岁订婚童养媳陈氏，本是为了节约未来婚礼的靡费，孰知从戎出仕，所向有成，再不必节约这笔小钱，甚而可以广置妻妾，如其他将帅。然而昌浚终其身未再娶，实在是湘军大佬中难得的榜样。慈禧太后曾问左宗棠，那杨昌浚是一个什么样的人，宗棠对曰"善人也，信人也"；于此可见所言不虚。

尝与人闲谈，昌浚云："曾做官，虽罢，犹有官意。"此语虽俗，却很坦荡，犹"贤乎浊世之公卿矣"。他活了七十一岁，在彼时可称上寿，然而能得这个寿数，亦与"虽罢，犹有官意"的精神有关。

他自言少年从学于罗泽南时，乡中有个灵验的相士，给他和同学王鑫算命，先说："二君皆贵人也。"再看两眼，又说，可惜，都挺短命。王鑫问自己能活几岁，答，颜子之年（按，孔子门人颜回的卒年有几种说法，相士殆采三十三岁之说），昌浚也问，则说比王多活十六年。结果，王鑫死于三十三岁，果如其年。照相士的说法，昌浚可活到四十九岁。同治十三年（1874年），昌浚在浙江巡任抚，时年四十八岁，眼看就到鬼门关。冬季阅兵，突然有一颗歪炮打到他的座旁，幸未伤人，属官请严究炮兵，昌浚灵光一闪，连说"不必不必，此误发耳"。大家不知道一向治军严明的大帅何以如此，过了一年，他才说，那次就算是死过一回吧——套用前面的话，可说，不想死，极有生意。

官界佛子李瀚章

淮系大员中有几个著名贪官，被人编了口诀，曰："涂宗瀛偷窃；刘秉璋抢掠；潘鼎新骗诈；唯李瀚章取之有道。"同是贪污受贿，涂、刘、潘要钱不要脸，手法拙劣，就被人瞧不起，而瀚章却得了个"君子爱财，取之有道"的优评，可见，"盗亦有道"这句话还真不是随便说说的。

李瀚章是李鸿章之兄，入湘军幕府，犹早于鸿章。早年以"临事缜密，所为公牍简洁得要"，大为曾、胡欣赏，不过十余年，便从知县升到总督。战争时期，他管理湘军后勤，军队那会儿正缺钱，他没好意思搞腐败。和平时期，任职所在地都是川、粤等富裕之区，再不往家拿点儿，就说不过去了。只是，憋了这么久，猛一放松对自个儿的要求，下手不免失了轻重。入川为督，途经彭山（四川眉山属下小县），他要求县令置办灰鼠皮帐盖四顶、燕窝若干盒。小县哪能办出这么高级的"供应"？县令"哭乞"减免，瀚章愣不应允，最终还是拿了笔巨额现金走人。

贪官也要慢慢历练，不断成熟，调任两广总督后，瀚章便摒弃了"如盗贼然"的风格，走上"取之有道"的"正路"。其时，广东巡抚是满洲人刚毅，背景深，后台硬，"任官多自专"——买官卖官最具效益——瀚章不敢得罪他，无奈，只得退而求其次，"尽鬻（售）各武职"。某年，瀚章生日，有杨某者送礼金一万两；杨某，原系李鸿章家厨子，"积军功保至提督"，然徒有空衔，并无实任，听说李家大老爷可安排补缺，赶紧凑足银子到广州来"跑官"。瀚章二话不说，给他补了个钦防统领。杨某到任，一打听，此职月薪不过三百，且无油水；欲收回投资，至少在三年以外，回报率如此之低，早知道做什么官啊！杨某跑到督府诉苦，瀚章一听，骂了声"蠢材"，便不理他，令门丁去开导。门丁将他叫到一旁，说："大老爷让你做官，可没说让你靠薪水生活。你手下不有那么多管带之职吗？我告诉你，如今想做管带的人可海了去了。你那榆木脑袋就不能开开窍？"杨某一听，大彻大悟，回营，便将现有管带全部开革，所有空缺职位"竞标"上岗。不几天工夫，不但收回成本，还净赚三千。

行贿买官如杨某者甚多，瀚章都让他们"未尝有亏耗"，由此获得"取之有道"的美誉。瀚章又能将心比心，任官三十年，从未以"贪酷"参劾过任何人，人送外号"官界佛子"云。

曾侯爵的英文名

近代史中关于"睡狮已醒"之喻，曾引发不少考证与议论，其中有人提到晚清外交家曾纪泽《中国先睡后醒论》这篇文章。光绪十三年（1887年），曾纪泽以英文发表此文，题为 *China, the Sleep and Awakening*，刊于 *The Asiatic Quarterly Review*（亚细亚评论季刊，vol.III, Jan-Apr, 1887），向欧洲人介绍中国的内政与外交，署名 Marquis Tseng。

文章发表后，有香港西医书院倡办人何启不以为然，"试问中国果醒矣乎"，特撰长文《书曾袭侯中国先睡后醒论后》痛驳之。十余年后，义和团运动期间，曾纪泽在北京的住宅被"义民"洗劫一空。"果醒矣乎？"

或以为 Marquis 是曾纪泽的英文名，其实误会了，Marquis 是"侯爵"之义，而纪泽承袭了其父曾国藩的一等毅勇侯爵位，故以此署名。而在 *The Annual Register: A Review of Public Events at Home and Abroad for the Year 1890*（ed. by Edmund Burke, Volume 132, 1891），他的姓名拼写为 Tseng Chilse——原书如此，应是误植，照威妥玛拼写规则，当作 Chi-tse，这大概才是他的英文名字。

《中国先睡后醒论》发表时，曾纪泽已经卸任，回北京，入总理各国事务衙门任职，并在这年成为第一位用英语向各国驻华使节祝贺新年的清朝官员。

据曾纪泽光绪十二年（1886年）十二月十四日记，"辰正二刻往译署（按，即总理衙门），未初一刻，偕第三班同事暨部官赴法、德、比、美、英、日本使署贺岁，申正一刻毕"；这是在旧历新年前向各国外交官拜年，然而没有描述细节。

而在孔祥吉、村田雄二郎合著的《罕为人知的中日结盟及其他：晚清中日关系史新探》，引用日本驻华公使馆书记官中岛雄的《随使述作存稿》，则详细记叙了曾纪泽拜年的细节。略谓，这一日（1887年1月7日），曾纪泽回国未久，即与总理衙门王大臣及各部尚书，向驻京各使馆的外交官道贺新年。当他进入日本公使馆，见到日本驻京公使盐田三郎及其他使馆人员时，首先说了一句"Happy New Year"。这是盐田公使头一次在北京城听到一个清廷官员向他用英语道贺新年，自然觉得又惊又喜。也许是有史以来，在北京城里，头一次有中国政府高级官员，正式用英语向洋人道贺新年。因此，在场之人无不感到惊奇。当然，与曾纪泽同来的总理衙门及其他各部官员，大多并不知道曾纪泽所说英语的意思，可是他们都认为在东洋人面前说洋话，总不是一件好事。而且，当他们通过翻译弄明白，曾纪泽是在用英语对洋人说"新年好"，更认为曾纪泽是胡来。据在场的中岛雄记述，曾纪泽代表总理衙门用英语向盐田公使道贺新年时，"引起满朝人的嫉视"，都在指责他实在对"外人过于亲密"。

在这种氛围中，曾纪泽所谓"中国先睡后醒"，实在是太讽刺了。

郭嵩焘的性格与命运

有副对联是这么写的:"好人半自苦中来,莫图便益;世事多因忙里错,且更从容。"题了上款"云仙贤弟亲家性近急遽,纂联奉赠",还有下款"同治元年(1862年)八月曾国藩"。用联语关键词在网上一搜,可以看到颇有几人藏了这幅"真迹",而在拍卖公司落槌成交,至少有三次,价格从数万至数十万元不等。从书法来看,这些"真迹"大同小异,似有共同的祖本,或者其中有一件是"真迹",其他则是仿本。直到读了黎泽济《曾国藩的书法》(载《文史消闲录续编》),才知道,什么都是浮云,这些全是赝品。黎文云:(曾国藩)驻军安徽祁门时,郭嵩焘去看他,他特撰写"好人半自苦中来,莫图便易;凡事多缘忙里错,且更从容"的对联赠郭。先兄泽洪为郭氏孙婿,此联后归先兄,惜抗战初毁于长沙大火。

作者出于湘潭黎氏,是近代湘湘世家,虽所记出于追忆,文字有出入,赠送对联的地点亦误(是安庆而非祁门),而于此联下落,言则有据,洵为定论。[按,郭嵩焘(1818—1891),字伯琛,号筠仙,又作云仙,湖南湘阴人,子依永,娶国藩女纪纯,故称"亲家"。]查郭氏日记,知"同治元年(1862年)八月",嵩焘应江苏巡抚李鸿章聘,自湖南去上海,中途在安庆歇脚,连日与两江总督曾国藩畅谈,做足了任前准备工作。闰八月初六日,嵩焘辞行，国藩临别赠言，"又赠联语"云云。再查《曾文正公手写日记》，闰八月初九日，"纂联赠郭云仙"云云。殆为初六日构思，初九日写赠。网上所见此联图片署期皆作"同治元年八月"，漏了一个"闰"字，与二人所记不符，当然，非说国藩书联时误"闰八月"为"八月"，也不是没可能。

此联真迹不存，史上确有此联不假，请择其"急遽"二字，代古人略抒其中的意蕴。

从文义看，此联不是用来补壁的装饰品，而是两句箴言，甚可说是训语。既云"莫图便宜"，再云"且更从容"，那么，则是说嵩焘素来好贪便宜，不能从容。如此措辞，决不客气。跋文又说嵩焘"性近急遽"，则似暗示嵩焘贪便宜、不从容的病根，正在"急遽"二字。

道光二十五年（1845年），嵩焘赴京会试不售，国藩特地写了《送郭筠仙南归序》，一则略示安慰，一则凛然相儆。安慰的套话不提，只看首尾两段儆戒语。首云"凡物之骤为之而遽成焉者，其器小也"；末云："孟子曰'五谷不熟，不如荑稗'；诚哉斯言也，筠仙勖哉。去其所谓扞格者，以蕲至于纯熟，则几矣。"意谓，此次不中，非关运气，只怪你修养未臻"纯熟"；再不警省，哪怕你禀赋上佳，也会落得"不如荑稗"的结局呢。即此可知，早在写下这副对联以前，国藩已看出嵩焘有希冀"骤为之而遽成焉"的毛病。"骤"与"遽"，正是"急遽"。

而写作此联的时事背景，则是李鸿章创立淮军，经国藩密保，升任江苏巡抚，他一向欣赏嵩焘的人品与才干，欲请嵩焘到上海帮忙，奏充江苏布政使。岂知国藩闻讯，大不以为然，当即致书阻止，云："（嵩焘）性情笃挚，不患其不任事，而患其过于任事，急于求效，宜令其专任苏松粮储道，不署他缺，并不管军务饷务。使其权轻而不遭疑忌，事简而可精谋虑，至要至要。"

此书作于赠联的同一天。论做官，布政使当然优于粮道，鸿章显欲提携嵩焘，而国藩作为鸿章的老师、嵩焘的老友，本应高兴才是，怎么非要杠一横炮呢？从"患其过于任事，急于求效"一语而论，殆仍不放心嵩焘的"急遽"。果然，嵩焘抵沪，仅任粮道，未署布政使。

嵩焘似已接受了国藩的劝诫。他在江苏任上，不仅发扬了筹兵筹饷的本领，还参与主持苏松减赋的大事，次年，以绩优，诏命嵩焘署广东巡抚。倘若嵩焘自此捐除"急遽"之病，臻于"纯熟""从容"行事，那么，国藩的赠联还真有大效。

但是，变换气质，谈何容易？嵩焘在粤抚任内，老毛病再度发作。先与两任总督毛鸿宾、瑞麟闹别扭，其后，又与左宗棠（时为闽浙总督，也是他的亲家翁）大生龃龉，闹得狼狈不堪，最终辞职了事。回家后，嵩焘愤愤不平，写信给国藩，痛斥宗棠"倾轧"，并请主持公道。国藩复书，不仅不为他抱不平，反而要他自省，云："（汝）每遇褊急之时，有所作为，恒患发之太骤［同治五年（1866年）五月初四日］。"

这一回，嵩焘不再领国藩的情，他觉得自己没错。于是，四处写信，"揭露"左某人的"劣迹"，号召天下人共弃之，文祥、李瀚章鸿章兄弟、沈葆桢等人都接到了他的控诉状。效果不怎么好。宗棠依然直上青云，嵩焘依然命交华盖，士林舆论也未因此改观。嵩焘自此隐居不出，直到光绪三年（1877年），方奉命出使英国。以前因"急遽"在处理国内事务时犯了错、吃了亏，如今，出使是外交任务，嵩焘该舒气扬眉了吧？不然。在国外，他与副使刘锡鸿产生矛盾，明争暗斗，又败下阵来，最终托病归国。

回到湖南，嵩焘心灰意冷，誓不再出，日以修志读礼解庄为乐，似已彻底捐弃了"褊急"之病。但是，当他听到左宗棠逝世的消息，仍在日记里写下这样的话："公负我，我不负公。"至死也不原谅老朋友。其实，细按史事，即知左郭交恶，关于公事者八九，因性格矛盾而产生的误会，微乎其微。嵩焘非要念念不忘，仍是"褊急"本色。他又在回忆录《玉池老人自叙》中历叙自己推举曾左的功劳，自诩安邦治国之才，而慨叹生平际遇不及二人，以致未能建功立名，末云："生平学问文章，勉强可以自效，而皆不甚属意，惟思以吾所学匡时正俗，利济生民，力不能逮也，而志气不为少衰。"表面上，达观知命，究其实，还是一肚子牢骚，依然"褊急"也。

当然，这个毛病，嵩焘何尝不自知。他总结平生，即云："吾性卞急，于时多忤（《萝华山馆遗集序》）。"平心而论，嵩焘之德行学问，超迈时流，尤其对外交的见识，堪称海内一人而已。但是，天生"急遽"，怎么也改不好，因此，所遇不合，郁郁而终（自题像赞云"学问半通官半显，一生怀抱几曾开"）。西谚云性格即命运，殆谓此耶？

两个文青的吐槽记忆

所谓晚清四大日记,这个品题应该是金梁首创,他编了一部《近世人物志》,汇抄四部日记中的月旦评,分系诸人,各成小传,自谓"知人论世,发潜搜隐,实可补正史所不及"。有趣的是,四大日记主人中的李慈铭与王闿运,默默在日记里互相吐槽,可为文人相轻这个永恒的题目添一些谈资。

李慈铭(1829—1894),字炁伯,号越缦,浙江会稽人,四十二岁成举人,再十年中进士,六十六岁考取监察御史。王闿运(1833—1916),字壬父,号湘绮,湖南湘潭人,二十岁成举人,终身不仕,七十四岁,以"湛深经术,淹贯礼文",特授翰林检讨,入民国,任国史馆馆长。比较二人简历,可知慈铭"一生偃蹇""浮湛郎署"(日记中语),垂老考取御史,却不想旋踵而殁。闿运则是少年成名,会试虽然不售,而文名藉甚,结交尽老苍,俨然高大上,兼得长寿,居然国老。二人际遇也有相同的地方,一则"《儒林》《文苑》,胥为通儒",一则潘祖荫、李鸿章与张之洞是他们共同的好朋友。唯闿运自少年即遨游于公卿间,从旧时代的权臣肃顺、曾国藩,到新世界的伟人袁世凯、谭延闿,皆有交情,此则慈铭所不能比。以此,慈铭骂人特狠,"陷于匪人而不自知"(日记里的自我批评),或可理解。

同治十年(1871年)六月廿五日,张之洞请慈铭赴宴,饮酒论学,听说同席还有闿运，慈铭"辞以病"。而前此的三月廿八日与五月朔日，分别在天宁寺与龙树寺有两场大局，闿运先后做了主宾与主人，慈铭亦皆与会。看来，闿运在派对里给慈铭留下了很坏的印象，到了眼不见为净的地步。

第二年四月初六日，慈铭完整记录了对闿运的观感："王君之诗，予见其数首，则粗有腔拍，古人糟魄尚未尽得者。其人，予两晤之，喜妄言，盖一江湖唇吻之士。"之所以有这段评语，是因为之洞聊到当世诗人，特别欣赏闿运的"幽奥"与慈铭的"明秀"，至谓南王北李，"一时殆无伦比"。之洞是诗坛大鳄，如此许可，本应高兴才对，慈铭却认为之洞尽管是好朋友，在这个问题上确属胡说八道，而当面不好意思直斥其非，回家不得不在日记里记上一笔，否则无以泄其悲愤。而论闿运其诗其人云云，则表示在慈铭的心中，闿运不过是个混混，毫无可取之处。

至于"江湖唇吻"，具体是一副什么嘴脸，可以参考张佩纶写给李鸿章的一封信（佩纶是爱玲的祖父、鸿章的女婿）。其时，闿运致书鸿章，畅论夷务，鸿章将这信转给佩纶，请提意见。佩纶才大如海，又讲求新学，对闿运的信大不满意，斥为"腐儒之经济，门客之游谈"，并说闿运写写信打打秋风也就罢了，倘敢当面瞎说，"佩纶当手捉松枝，力折五鹿之角，令其目瞠舌挢而去"。佩纶说闿运是"腐儒"而为"门客"，只求讨口饭吃，绝不能责以实效，这正是"江湖唇吻"之评的正解。再者，说闿运不谙洋务也就算了，信末，佩纶竟说："篇中好用庄子。庄子大有作用，不是无用者。不但不知洋务，亦复不知庄子。名士如画饼，此辈是也。"闿运一生治学，颇以能注庄子自喜，而佩纶竟连这一点也给否定了，无乃太苛。佩纶以中法之战败绩论遣戍，闿运在日记中常以"张军犯"称之，是谑耳，究未如佩纶在背后如此诋諆，近乎虐也。

《湘绮楼日记》评论慈铭则宽厚多了，如光绪十八年（1892年）五月二日记："看李老友撰潘伯寅墓志，虽不得体，亦尚不俗。"而在《越缦堂日记》里找这么一条不是完全否定的内容还真不容易，所仅见者，大概就是这条了："此人盛窃时誉，妄肆激扬，好持长短，虽较赵之谦稍知读书，诗文亦较通顺，而大言诡行，轻险自炫，亦近日人海佹客一辈中物也［光绪五年（1879年）十二月二日］。"慈铭心中的恶人排行榜，状元必是同乡同龄的赵之谦，他对之谦已经恨到了"安得一贤京兆一顿杖杀之"［咸丰四年（1854年）五月初三日记］的程度。今人知之谦为近代艺术大师，而他一辈子也很困顿，科场不售，仕途不顺，与慈铭同病，而慈铭毫不同情。然则前谓慈铭看不惯闿运过得比我好才去骂他，许是说错了。而闿运只有与之谦一起受批斗，才能收获几句褒语。当然，酷评家说某人"稍知读书，亦较通顺"，实是极高的赞语，这倒是古今一揆的，受者闻言可以暗爽矣。

不过，口味容有差别，学术毕竟有公论。蔡元培说，"最近时期，为旧文学殿军的，有李越缦先生，为新文学开山的，有周豫才先生"（《鲁迅先生全集序》，1938），论者或以为这是绍兴人的阿私之言（郑秉珊《赵之谦与李慈铭》，1943）。大学者如章太炎，则说晚清文章，"闿运能尽其雅"，一举压倒吴汝纶、严复与林纾诸人（《与人论文书》），汪辟疆则以闿运为湖湘派领袖，拟为近代诗坛的托塔天王晁盖，而慈铭的座位只是天富星李应（《光宣诗坛点将录》）。不得不说，评骘诗文，主持风雅，章、汪的意见要比蔡重要。

不过身后的身价不会是慈铭仇视闿运的真正原因，问题可能还是出在二人见面喝酒的时候，闿运没能留给慈铭一个好印象。然而，闿运赴席，应该不会得罪人才对。他的弟子杨度，将游京华，临行向师傅请教"入世法"，闿运曰："多见客，少说话。"度之弟钧，平时看老师待人接物，却从来是"口若悬河"，所行似与所教不合，揣摩良久，才悟到这一层："始知少说话者乃少作有边际之言，勿太切利害，即明哲保身之说，非枯坐如木偶也（杨钧《草堂之灵》）。"倘闿运早年坐言起行就是这个风格，不幸仍然开罪了慈铭，惹他骂了半辈子，那真无话可说，只能自慰这是躲不开的孽缘了。

与人斗，天变不足畏

光绪五年（1879年）五月十二日，凌晨四点，在甘肃武都、文县之间发生剧烈地震，据陕甘总督左宗棠奏报，震时，"有声如雷，地裂水涌，城堡、衙署、祠庙、民房，当之者非彻底坍圮即倾欹坼裂"。震后，"滨城河渠失其故道，上下游各处节节土石堆塞，积潦纵横"，又因"大雨如注，山谷积水复横决四出"，冲塌城墙，淹没房屋。事后总计，甘肃、四川两省因地震死亡两万余人。根据地震命名规则，今人称之为"1879年甘肃武都南八级地震"。

地震波及四川，尤以接壤文县的松潘厅南坪营（今阿坝州南坪县）受损最为严重，据四川总督丁宝桢奏报："共坍塌夷房（按，指藏、羌人民的居屋）四千零五十三间，计一千四百五十六户，伤毙番民（按，指藏、羌等族民众）男女二百五十八名口，伤重者四十九名。"此外，"均未有损伤人口情事"。

然而，丁宝桢的灾情简报迟至八月才发出，详细报告更在十一月才完成。相形之下，左宗棠的反应比他快得多，六月二十二日，他已首次报告灾情。因此，七月二十四日，御史吴镇以"讳灾不报"的名义，上折"纠参"。吴镇说，"丁宝桢天变不畏，人言不恤，于此等奇灾尚可置若罔闻，平日之肆无忌惮可知"。奏上，两宫皇太后批谕："着丁宝桢详细查明，迅速具奏，毋许稍涉隐饰迟延，致干咎戾。"在传统中国，"讳灾"是很严重的指控，同时，"讳灾"又是很普遍的现象。已有不少文章揭露分析这种"怪现状"，于此不赘，今欲说明的是，丁宝桢"讳灾"有特别的原因。

五月十二日当天，丁宝桢在成都即已"微觉地动""历时仅半刻，惟门环箱扣微作声响""居民尚多有不及觉者"。用今天的话，可说，成都有轻微震感。然不论多么轻微，究系"灾异"，地方官员必须向北京报告，丁宝桢自谓已虑及此，但是，他又听说全省各地"同时震动"，而具体受灾情形，一时未能掌握，遂欲等到"各府州县查明禀报"以后，汇总情况，再"具奏办理"。只是，四川一省"地势寥远"，自五月底才逐渐接到各地的灾情报告，而迟至八月，仍未接到南坪、酉阳两处的报告。（按，酉阳在川东南，与湘西接壤，并未受灾。南坪在川北，是重灾区，固与成都相距遥远，兼之震后道路阻绝，故迟迟未通文报。丁宝桢于六月初委员前往南坪，"挖土开道，节节履勘"，直到十一月才发回报告。因此，依他最初的设想，在十一月向北京报告震灾，才是适当的时机。）

再者，照清代"奏报灾异"的惯例，一省灾情，应先由各属将受灾轻重情形向省城禀报，省城再委员往各地"切实复查""分别核定"，然后才汇总向北京报告。这套官僚主义的做法，自然导致北京无法及时了解地方上的信息。

但是，公家报告慢，私人通信快，四川京官早在七月便从家书中知道家乡发生了地震。吴镇是四川人，他用以参劾丁宝桢的重要证据便是家书。

不过，吴镇在参折中除了说丁宝桢"讳灾"，还指控他在财税改革（盐课、厘金的征收）、基础建设（都江堰加固工程）方面倒行逆施，而这一点才是"纠参"的重点。代表四川地方势力的本省与在京官僚和总督丁宝桢之间愈演愈烈的矛盾，是这份参折之所以产生的背景。

自丁宝桢履任，双方即为了利益展开明争暗斗，至此，天灾配合人祸，在不择手段的官场倾轧中，地震被当作中伤政敌的武器。至于赈灾救民头等大事，反而退居次要地位。不仅"行贿言路，造作蜚语"的一方不能真正重视震灾，即如老下级（"故吏"）唐炯为丁宝桢编的年谱中，光绪五年（1879年）一条，亦无一字提及地震。人与人斗，到了这种"天变不畏"的程度，不能不令读史者废书而叹。

栗大王的"恩太太"

光绪二十九年（1903年）秋，新任河南巡抚陈夔龙抵省，循例参拜河神庙。河南最重要的河神庙有五座，分别为金龙四大王庙、黄大王庙、朱大王庙、栗大王庙与杨四将军庙，所祀皆为历代治河有功的官员。栗大王庙祀栗毓美（1778—1840），山西浑源州人，仕至河东河道总督，是时代最近的河神。

夔龙拜神后，不久即见到黄大王的"法身""长三寸许，遍体着浅金色"，不知者以为寻常小蛇也。黄大王"酷嗜听戏，尤爱本地高腔"，夔龙特地为他演戏三日。此后，夔龙巡视省内水利工程，分别见到金龙四大王与朱大王的"法身"，不知者皆以为寻常小蛇也。

只是，迟迟未见到栗大王，不免有憾。时值乡试之期，巡抚例应入闱监临，夔龙竟在考场邂逅了大王。一日，有人禀报，栗大王现身闱中某房窗下，夔龙当即率同属官，齐集至公堂，派员"请"出大王，承以彩盘，安坐堂上，焚香行礼。随又启用全套巡抚仪仗，恭送至栗大王庙，供祀如礼。

此前，夔龙听山东巡抚丁宝桢描述过栗大王的灵异，谓于同治十三年（1874年）冬，在贾庄工次，恭迎大王，实时合龙，明日，宝桢"敬诣"神座，"忽见法身颈上围绕白线一条，为前日所无"，疑虑不已，隔了一天，即闻皇帝驾崩，才明白"大王精气为神，犹是本朝臣子。哀诏未到，实已先知，缟服临工，示人色相"。

不过，栗大王颈上这条白纹，另有说法。栗毓美逝世之第二年，即在河南显示"法身"，只是老河工不认得新神仙，迟疑不能确定这是哪位大王，幸而时任河南巡抚牛鉴，见过活着的毓美，知道他"项下有白癜风，周围似玉"，与小蛇的白颈圈正相符合，遂问，这是栗大人来了吗？小蛇闻言"即跃入盘中"，诸人才能确证新神的诞生。

毓美死而为神，生前也有一段传奇。他少时家贫，然而十分聪明，邻翁某遂招为赘婿，在成婚前，暂与其子同居共读。一夜，其子醉酒，误卧毓美床，毓美叫不醒他，只好易床而睡。明日起床，毓美惊见其子胸口插着匕首，已被刺死。尽管从岳父到知县，皆不信是毓美杀了小舅子，但是无可解释，只能拘捕入狱，判他死罪。此案上报，省里、部里亦皆不以为然，"屡次驳诘"，务求实情，而县里终不得其解，只能继续关押毓美。

未婚夫牵涉刑案，难逃一死，未婚妻不得不另嫁他人，所嫁为同里富人王某。王某善待新人，无微不至，一日醉后，突然说，我以前见过娘子，早已倾心，然而娘子已经许配栗某，我没办法，花重金请了刺客，置他死地，才好与娘子缔结良缘，不料误杀了小舅子。虽然搞出一场悲剧，但是我这一片诚心，还要请娘子鉴原。翁女听了，强笑应之。次晨，借口归宁，即赴县衙举报。于是，坏人落网，好人昭雪。

情人再见，女与之诀，云："吾所以忍为此者，以弟之仇，君之冤，非吾不能雪也。今已白矣。身既他适，不能复事君，计唯一死。"语毕，抽刀自刎而死。毓美以此，终身不置正室，随身携神主牌一块，上书"恩太太"三字，所至，以木主并当日囚衣，"供诸座右，旦夕焚香"。

黄粱一梦"真人秀"

同治十年（1871年），名士王闿运进京会试。他的朋友多，朋友的朋友更多，以此，在试事之余参加的吃请也很多。据《湘绮楼日记》，在此期间，几乎宴饮无虚日。请客吃饭没什么稀奇，不值得专文记叙，只因他们买单的方式比较奇怪，才有记一笔的价值。

这年六月二十七日，许振祎发帖子请他赴宴，与会者共计八人，其中，以闿运等三人为"梦神"，以许振祎、谭继洵等五人为"展梦"。对闿运来说，这次宴会就叫"吃梦"。吃饭就吃饭，什么叫"吃梦"？且不管吃什么，都要买单，依常理，许氏招客，自应由他买单。"梦神"二字，或可猜测为贵宾，即闿运等三人毋庸掏钱；而许氏与其他四人具有"展梦"的资格，那么，是不是说，由"展梦"者AA不成？理有或然，文无确证，梦到底如何吃法，终归不知。余心不觉梦梦矣。

后来，读到吴仰贤《小匏庵诗话》，才算解开这个谜团。他说，赴京考试的士子，在发榜之前，每有聚餐，与会者都不带钱包，带上嘴就行（"不携杖头钱"），胡吃海喝完毕，拍屁股走人。买单的事谁负责？待到发榜，由中了举人、进士的与宴者负责。因为在吃的过程中大家都不知道这是"吃"谁的请，而大家又都"梦"想这桌能由自己买单，所以，这就叫"吃梦"。

又因为其时个人信用体系的建设不够完善，或不免有上了榜却逃单的人，于是，大家在与宴者中挑出一或几个不参加本科考试的人，让他们做"酒监"，此即所谓"梦神"。诗曰："逐鹿隍中手斫之，楼头行炙客传卮，鸡虫得失须臾事，好趁黄粱未熟时。"黄粱一梦的典故用到此处，十分恰当。盖黄粱熟了，梦也醒了，中榜的喜，落榜的悲，该干吗干吗，不一定还有聚首碰杯的兴味；就应趁这黄粱未熟之时，你有压力，我有压力，各位打着"吃梦"的幌子，在酒楼舒缓这份压力。

一般情况下，"梦神"不用买单，故"咸乐为之"。只是，倘若手气不好，坐到一桌全军尽墨的席上，则出钱人人有份，"虽梦神不得免焉"。故又有诗云："莫羡监筵做梦神，梦神也是梦中身。"

"吃梦"首倡于何时？阎运在同治末年"吃梦"，吴仰贤与他是同代人，此外未见更早的记载，或可据此断为清代"同治中兴"以后。光绪时，此风大盛，如宝廷《揭晓前一日与文镜寰满敬之清阶平饮酒》云："今日固是梦（自注：榜前宴会俗谓之吃梦），明日岂遂醒。人生天地间，终身与梦等。有酒且畅饮，莫负明月影。功名果何物，无妨心暂冷。梦中须觅乐，百岁原俄顷。"虽有冷眼"吃梦"之嫌，究是诗人爱做惊人语，兼且"欢愉之辞难工"，无足怪也，然可证光绪时此风之盛。而沈钦韩《除夕效白乐天何处难忘酒》云："此时非吃梦，无力送斜晖。"自注："会榜未出前，聚朋市饮，俟得第者偿，谓之吃梦。"由此可知"吃梦"的时间，或就定在发榜的当天。因填榜都在夜里，故"吃梦"者从晚饭开始，可以一直吃到消夜时分，等到榜单传来，即行当场买单。

再回到开头。许振祎等五人，在当时已成进士，业为命官，不用再等考试发榜，怎么还聚会"吃梦"？

据胡思敬《跋天宁寺食梦图》，凡有望成为各省考官的，在圣旨钦点以前，也聚在一起"吃梦"。以此推想，许振祎等人所吃之"梦"，或是高官与美差。

近年高考学子有于试后结队去KTV唱通宵者。窃谓娱乐形式虽异，在买单的事上倒不妨师法前辈,做一场"唱梦",既尽兴,又有趣,且相对保证经济上的公平,堪称多赢。只是,扩招以来,上榜者太多,想不读大学也难,即用古法,恐最终亦只是AA之局矣。

圆明园外那个走衰运的李老板

同治十二年（1873年），两宫太后结束垂帘听政，归政于穆宗，穆宗"大孝养志"，要为退休的太后安排一处游观之所，于是，八月下诏，命修复圆明园。

其时，国用不足，除官员捐款外，工程费用着内务府自筹。内务府在嘉庆、道光时期，年收入约百万，赤字犹在二十万上下；咸丰、同治间，则以内战，收入骤降至三十万，自顾不暇，哪有余力修复圆明园？然而，内务府中人，不怕手里没钱，只怕上面没项目。

李光昭（1822—1874），广东嘉应人，据他自己说，曾在安徽捐了知府，可直到他死，这份捐照也没人见过。他终究是个商人，只要钱货两清，且不捉将官里去，不会有谁顶真要看他的委任状。光昭中年离乡，在湖北汉阳讨生活，他说在那儿做木材生意，后经湖北方面调查，其实他是房产中介，且"盘踞扰害"，算是今语所谓无良中介。同治十二年（1873年）夏，地产生意日见萧条，光昭乃移师北京，开了装修公司。

及至听说要修圆明园，他联络内务府，请求合作。内务府派营造司笔帖式成麟与他谈，光昭说，兄弟我出十万两银子买木料，您做点儿浮账，拿去官里，报销可值三十万；回头给我补个缺就成，您也铁定升官。成麟说，开什么玩笑！你个小包工头，哪儿来十万？光昭说，这您别操心，就说干不干？成麟素来想办成一桩大事，作为进身之阶。面前这位李老板，相处已有半年光景，平日听他谈起广州、汉口的商界风云，令人钦羡不已，粤、汉皆是国内一流商埠，能在那里打拼，终究不是一般人，兴许这事竟能成呢？这么一想，开了窍，回去向长官报告。报告时，添油加醋说一通，不问可知。堂官听成麟这么一说，亦觉靠谱。即算真遇上骗子，终究不用府里往外掏钱，何伤大雅？乃命成麟转达光昭，速速起草合作协议，于是，十一月初，光昭"谨禀"内务府大臣，"情愿报效修圆明园木料"。

据前揭履历，光昭决无十万巨款，他唱的哪一出？原来，禀文有这么一段：光昭前往四川、湖北、浙江、广东诸省收购木料，请"（政府）派员同运，通饬沿途关卡免税放行"，并"颁发字样，雕刻关防，以便备文报运"。紧要字眼，一是"免税"，一是"关防"。中央政府基建项目的原材料采购享受免（商业）税、免（路桥）费的待遇，易于理解，往里塞些私货，搞搞走私，也是常情。不过这是小钱，十万两仍然没有着落。"关防"者，官印也，这才是生财的法门。事后我们知道，光昭刻的关防，上书"奉旨采运圆明园木植李"，与外商签合同，甲方一栏写的竟是"圆明园李监督，代大清国皇帝"字样。试问，内务府（相当于今日部级单位）派员随同，怀里揣着圣旨与部长签发的批文，包里装着奉旨督办的官印，开口就是吾乃钦差大臣，周游全国，做点儿买卖，还能赚不到十万两银子？业已21世纪，吾人犹经常读到冒充高干骗财骗色的新闻，何况信息不灵、交通不便、政治运作更不透明的晚清。这就是光昭的如意算盘。

内务府将光昭"情愿报效"的好人好事向皇帝转奏，上谕从之，并遣成麟偕往。二人先去湖北，打听了四川的行情，发现原木出川运京，费时费力费钱，只好作罢。二人旋又去了福州。闽地不产佳木，去做啥？内需拉动不了，去沿海做外贸呗。同治十三年（1874年）三月，法国商人播威利，从东南亚贩运木料来华销售，不意遇见李钦差采办园工，倩人验明公文，确有其事，大喜，遂与光昭谈业务。光昭款款而谈，谈了几天，只不说付现款。播威利想，终归是皇室工程，货到付款，可以接受。于是，双方议定，三万五千尺木料，价值五万四千二百五十两，运到天津再付款，为表诚意，光昭给了十两的定金。

接下来的计划是这样的：成麟向内务府虚报，外洋木料价值三十万，按照工本、报销是1∶3的比例，内务府可向朝廷申报至九十万，除了原定三十万的报效不必算钱，尚有六十万，则应计入工程款，从内务府支领。领出这六十万，以五万余两给付外商货款，剩下的五十多万，则上至主管工程的内务府大臣、堂郎中，下至有关的郎中、主事、笔帖式，皆能从中分润。光昭从旁，亦要分一杯羹。一旦竣工，诸位还有升官的指望。五万的货物以九十万报销。

可怜的是，计划赶不上变化，出事了。光昭此前从未做过木料生意，不识货！而且，他一生贫苦，即使乡间大屋，也只见过而没住过，又何能揣想御园宫殿所用木料的雄伟，以致所定木料，全"不合柁梁檩柱之用"，只"宜配修海防炮架等项"。六月，洋船抵津，皇帝有旨，着直隶总督李鸿章派人赶紧解京。鸿章往港口一看，哪来的乔木！只见两个衰人，一船劣植。光昭衰，从北京来验货的技术员拒绝验收，愤而回京，撇下他，独自应付洋商的索赔；播威利衰，收了十两银子，将木料辛苦从福州拉到天津，竟然一文钱也收不到。鸿章没办法，只得将本土衰人收监，讯明真相，请朝廷定夺；对外洋衰人，好言相劝，终以天津机器局的名义，"权宜收买"。

秋后，光昭处斩。内务府诸人，俱以本心愿为皇室出力，不幸受了诈骗，罪无可逭，情有所原，革职降级有差。不多时，各复原官，甚有升了的。毕竟都是忠臣，再隔二十年，还靠他们拿海军军费修颐和园呢。

从太监到"权奸"

史上最著名的太监大概是李连英。一般写作李莲英,那是错的。

连英,字灵杰,平舒(今河北大城县)人,生于道光二十八年(1848年),卒于宣统三年(1911年)。其父李玉,母曹氏,育有六子二女,连英是次子,小名"机灵"。七岁,连英随父母至北京,父亲在珠市口大街一家皮货店干活。后人有称连英为"皮硝李"者,说的就是其父的职业。而王先谦参劾李连英的奏折,则称"太监篦小李之名,倾动中外",有人说这是"皮硝"与"篦小"的一音之转,也有人说这是因为连英最开始在宫中的梳头房学习,而梳头用篦子,故称"篦小李"云。

连英八岁那年,太监沈兰玉游说李玉,让他入宫做徒弟。贫家无奈,只好应允。九岁,连英入宫。咸丰十年(1850年),英法联军攻入北京,皇帝避难至热河,次年,驾崩。两宫太后旋与恭王联手,对顾命八大臣发动政变,夺取了政权,史称"辛酉政变"。据说,连英在太后与恭王之间传递情报,为政变成功做出了贡献,此后,他在宫中的升迁极为迅速,至三十九岁,获赏二品顶戴(享受副部级待遇),所谓"开国以来,未有若是之光荣者也"。不仅宫中,在宫外,连英也是声名显赫,尤应以光绪十二年(1886年)四月随醇亲王赴旅顺、烟台检阅北洋水师最为光辉夺目。不过,本应光辉夺目的出巡，表现出来的却是黯淡无光的低调。

以舰艇吨位序次，北洋水师是当时亚洲排名第一的海军部队，隶于总理海军事务衙门。醇王奕譞任总理大臣（相当于海军司令），直隶总督李鸿章为会办大臣，相当于海军副司令，负责日常指挥。清代有"祖制"，不许宦官干政，而连英作为与军事毫无关系的内务府总管太监，却随海军总司令下部队视察工作，真是体制上空前的创新。百官中自然有人联想到唐代宦官监军的故事，不由深为忧虑。

御史朱一新上奏，质问朝廷，说，如此隆重严肃的阅军大典，竟让李连英这个"刑余之辈"厕乎其间，将来还怎么"诘戎兵，崇礼制"？难道太后这么做，真有"匪外廷所能喻"的"不得已苦衷"吗？慈禧读了折子，大怒，反问一新，你说"苦衷"是啥意思？难道还意存讥讽不成？一新顿首答，岂敢岂敢，小臣的意思，是以为太后或是担心亲王远行，路途辛苦，特派内侍随行，以示体恤，以昭慎重。不过，在您看来，这是曲近人情之礼；在小臣看来，却是于礼无征之举。言外之意，即太后尽有"苦衷"，情有可原，其实则混淆了内廷外廷的界限，破坏了宦官不得干政的"祖制"。慈禧闻言，沉吟不语，摆摆手，示意一新退下。然而，回过神来，还是"下诏切责"，批评一新不该造次。

连英并未受到这场风波的影响，顺利完成了检阅任务，回京还受到嘉奖。一新贡献忠言，却受到批评，失望以极，遂请归养，不数年，卒。

此事既为创举，当然有"苦衷"，只是并非一新说的那份苦衷。除了宦官不许干政，清代还有亲王、后妃不许干政的"祖制"。慈禧垂帘听政，是违背"祖制"，搞政变，更是颠覆了"祖制"。不过，依只许州官放火之义，对于其他人违背"祖制"，她是零容忍的。此前，她就根据"祖制"修理了恭王，将他赶出军机处，剥夺参政议政的权力。更早的时候，她也根据"祖制"，将在外招摇的太监安德海砍了脑袋。有了这些覆辙，醇王奕譞越发小心。他是光绪帝的生父，也是慈禧发动辛酉政变的盟友，这种身份很敏感，一是怕被太后误会争夺对皇帝的控制，一则眼看两位盟友不是暴毙（慈安太后），就是斥退（恭王），而自己也极具"动辄得咎"的潜力，不免狐悲。及至出任总理大臣，命他去检阅海军，更是谨小慎微，生怕惹动慈禧的嫌猜。他"力请派李连英偕往"，以便由连英监视自己的言行，向太后报告，让领导放心。慈禧闻请，遂允了此事。可怜朱一新，何能知道这个"苦衷"？当然，即算知道，他也不敢讲出来——如此微妙隐秘的情事，公开场合多讲一句都是犯了大忌。而他竟讲出来了，可见他真不知道。

慈禧本非派连英去监军，而是派去看着小叔子（醇王为慈禧亡夫即清文宗之弟）有没有乱说乱动，故亦不在乎臣下的谏议。连英深明此行的真意，在军中待了一月，表现十分低调。凡醇王出见将吏，他皆侍立于后（其实完全有资格看座的），替王爷拎着"长杆烟筒"与"皮烟荷包"，默无一语；若无会见，则随王爷猫在房里，不见一客。当时直隶、山东一干大吏，本想趁这机会亲近李总管，表示一点儿"意思"，哪知道连人都不常见到，更别说抒发"向慕之忱"了。

甲午战争，清国惨败，御史安维峻奏称："中外臣民，无不切齿痛恨，欲食李鸿章之肉。而又谓和议出自皇太后，太监李连英实左右之。李连英是何人斯，敢干政事乎？如果属实，律以祖宗法制，李连英岂复可容？"这份折子的中心思想，是要请皇帝砍了李鸿章的头，说到兴起，把李连英也扯进来。

然而，安维峻并无连英干政的确凿证据，他这么写，是运用御史可以"风闻言事"的权力。折上，慈禧太后大怒，而其时已经归政于皇帝，乃命光绪皇帝也装作很怒的样子，严斥安维峻"肆口妄言，毫无忌惮"，胆敢在帝后之间挑拨离间，"着即革职""发往军台效力赎罪，以示惩戒"。

连英作为太监，数次被御史点名批评，创了清史上一项纪录。若真做了卖官鬻爵、贪赃枉法的大恶，他不冤。可是，谁能拿出哪怕一条确证来指控他？没有，一条也没有。约在光绪六年至八年间，有御史"胪列事实"，向太后举报连英。太后读了，对连英说，昨儿有人举报你，主要是经济与生活作风问题，你可自己辩护。第二日，连英呈递辩护状，逐条批驳。

择要看看连英的自辩。第一条，说子、侄拿他的名片至各省讹诈钱财。辩称：有事与外官联络，要用到名片，然而，名片全由自己手写，列明事由，附有签名。若说子、侄拿我名片到处撞骗，请举报人提交物证，看哪张名片写了教我子、侄去向外官讹诈的事。

第八条，说他巨额财产来源不明。辩称：家中确有紫金泥壶、玉翠白菜、翡翠烟壶这些珍贵古董，或是我从琉璃厂买来，或是太后赏赐，前者有发票，后者有诏书，怎么能说财产来源不明？至于地安门内黄化门大街东口酒醋局胡同的住宅，不过比中产阶级的居屋条件稍好，要说"其制逾礼"的豪宅名园，那是不够格的。

第九条，说他"广置妻妾"。辩称：我只有一个老婆。十四年前，因家中琐务需人整理，遂经朋友李宝珊介绍，与既无子女又无产业的寡妇苗氏结婚。与我结了婚，她既有栖身之所，还能继续守节，明明是"节义两全"的好事，咋能说我"居心实不可问"？

第十条，说各省大吏进出京城，我必向他们索取数千乃至数万的规费。辩称：这么重大的指控，却是"拟度悬揣之词"，根本不列任何一条证据。请举报人明白指出，何时何地何人给过我何种数额的规费。

辩护状交上去，慈禧太后派人逐项核查，证明连英自辩并无虚言，这事就算了。不过，连英总挨骂，也不是没来因。清末实行"两党制"——所谓"帝党"与"后党"，帝党对外强硬，对内呼吁激进改革；后党对外持重，对内强调逐渐改良。用今天的话说，帝党多"愤青"，后党太"精英"。帝党不敢公然指责太后，只好拿他们心目中太后所倚重的人来开刀，要一耍"清君侧"的把戏。于是，外朝李鸿章，内廷李连英，成了众矢之的，有事没事，大家就拿二李寻开心。连英本是一个低调的太监，生生被炒作为高调的"权奸"，悲催无限。

河东狮吼汪士铎

汪士铎(1802—1889),江宁(今南京)人,字梅村,号悔翁。悔什么?悔不该娶了悍妇做老婆。

悔翁家贫,二十六岁才结婚,夫人同里宗氏,长他一岁,不幸于二十年后逝世,其时仍然贫困,"葬不成礼,可哀也"。一年后,四十八岁的悔翁娶了二十七岁的吴兴沈氏为继室,噩梦开始了。

沈氏之泼悍,备载于汪氏自撰的《悔翁诟妇》,所谓"口不能敌,则书以泄恨也"。限于篇幅,不能全引,略谓其妇"不孝,不友,不慈,不顺,不和,乖戾,不睦邻里,多尚人尚气,无事寻人不是,懒,傲,惰,不惠下,妒忌,凌虐,残忍,酷暴,不敬夫,多心,凶悍,挑舌,狠婆,吵闹,碰骗,寻死拼命,多言长舌,讲究妹妹圈套,假咳嗽,打扫喉咙,嗅鼻吐痰,诈喘逆,干呕,喷嚏,大声叹,诈哭"云云。

还有暴力倾向。用悔翁自己的话说:"任性妄作,毒及子女,老拳凶物,殴及无辜。"他的朋友也都知道,沈氏"每值不豫,必令先生长跪,自批其颊"。实在受不了,悔翁就跑。某年冬天,清晨,悔翁披着短袄,咚咚咚,敲朋友蒯光典家的门。光典问何事,悔翁上气不接下气,连说:"家难,家难。"主人笑笑,请去客房休息,并吩咐仆人,回头汪夫人来,不要开门。

不久，沈氏果来，对门大骂，蒯宅无人应答，才"色沮而去"。

亦有跑得了和尚跑不了庙的时候。沈氏最怕悔翁的朋友洪汝奎（官场红人兼富人），一日，悔翁防患于未然，请汝奎救他，汝奎派亲兵带着轿子，偷偷去汪宅把人接出来，藏到江宁知府的游艇中。沈氏"大索三日不获"，怒极，猜是洪大人把悔翁藏起来了，遂去洪府"宣言"，再不送人回来，即将家中的稿本藏书全数烧掉。若真烧了，我们今天大概就不知道汪梅村先生是近代著名学者了。汝奎也有这份觉悟，闻言"窘极"，老老实实把悔翁送回家。

然而悍妇对近代文学做过贡献。两江总督曾国藩的夫人要过生日，僚属预备做一块寿屏，拟请老于文学的悔翁执笔，委托汪宗沂去商量。悔翁一听，"作色曰，古无寿妇之礼，不但我不作此文，诸君亦不可作"，宗沂默然而退，此事作罢。谁知曾夫人生日那天，悔翁所撰寿序赫然陈于堂上，"隶事精切"，宗沂见之大怒，说，老贼卖我，什么玩意儿。登时就找悔翁算账。一问，气全消了。原来，当日沈氏在内室窃听，知道了寿文的事，等宗沂一走，扯住悔翁就骂，说，什么叫"古无寿妇之礼"？妇人不是人吗？你"为我速作一文""须将古来应寿妇人罗列其间"，否则跟你没完！悔翁敢于不谄事总督，但不敢不顺从老婆，所以写了寿文。倘非沈氏督促，必无悔翁这篇佳作，故曰对近代文学亦有贡献。

不过，悔翁不会领情，他只哀叹："顿觉眼前生意尽，须知世上女人多。"且竟恨屋及乌，怪罪全体女性，至在《诟妇》文末说："女子之年，十岁以内死曰夭，二十岁以内死曰正，过三十曰甚，过四十曰变，过五十曰殃，过六十曰魅，过七十曰妖，过八十曰怪。"

这些话当然错了，然想想悔翁的遭遇，也就不必深究了。只是有些学者没正确理解汪士铎的逻辑，却说他很早就有主张计划生育的卓见，堪称中国的马尔萨斯云云。这就有些太不近人情了。

郭嵩焘离婚未遂案

同治元年（1862年），郭嵩焘应李鸿章之招，至上海，就任苏松粮储道。其时，嵩焘四十五岁，结婚二十六年的陈夫人逝世不到一年，即有人为他张罗续弦的事。如孙士达，便说，江南大乱之后，"浙江仕宦之家避乱上海，子女沦落"，其中适合娶做老婆的颇有几位，譬如会稽徐家，"有女美而才"，在家乡相亲（"择配"）超过二十回，迄未订妥，现在逃难，择偶条件大约会降低一点儿，"为君求配，或当见允"。嵩焘矜持，未置可否，而士达热心，一月后再见，即云女方有意思，并向嵩焘催取庚帖，一旦八字不冲，就准备穿媒人牌皮靴了。孰料嵩焘自觉报国任重，何暇家为，抑有歧视小家碧玉之心，乃答曰："当时亦戏言耳，事端繁重，心更惮之。"

旁听者为近代史上著名改革派思想家冯桂芬，也是热心人，插一嘴，说，真要再娶的话，钱鼎铭有个妹妹，挺合适。钱家是不打折扣的望族。远的不说，只说鼎铭父宝琛，尝任湖南巡抚，是嵩焘的父母官。鼎铭自己，未来也官至巡抚，而在此前，他跑到安庆湘军大营，在曾国藩前长跪不起，痛哭求援，愣是让国藩改变了进军路线，派出李鸿章新建淮军，直抵上海，以克复常州苏州为首务——当然，鼎铭不仅带去了眼泪，还带了大笔银两。这边厢，嵩焘一听钱家有女，虽然口头说了句"不求美，然不可有破相，不求才,然不可有劣性";实则"自觉称心",早已心许矣。

随后,嵩焘升两淮盐运使,旋奉署理广东巡抚之命,在赴任前定下这门亲,并于同治二年(1863年)八月廿一日,在上海举办婚礼。只是,新妇过门,他的观感却是:"多言狂躁,终日叫呶,有类疯癫,貌更凶戾,眉目皆竖。"且未洞房,钱小姐借口大姨妈来了("月事姘变"),廿四日就去了娘家,廿八日才回来。而在这段时间,嵩焘的感受竟是"钱氏回家四日,始得安寝"。接下来,"钱氏喧哄逾甚,终日不倦,嵩焘慨叹"真劣妇也,不可教训"。哪怕上了去往广东的海船,钱小姐仍然"喧哄类疯癫"。九月初十日,船至广州,此后,"钱夫人终日喧哄,并痛詈鄙人,秽恶万状"。嵩焘从骂声中识别夫人的心意,原来是要"回沪",于是在七天后同意她的要求,"诟谇之声稍息"。廿二日,钱小姐登上了去上海的轮船(据郭氏日记)。

对这段孽缘,嵩焘的终极解决方案是,"罄其嫁装及所有衣服,寄还其家,以书告绝,始终未成婚也"。此处"未成婚"或谓没有肌肤之亲,然而,在上海举办婚礼,那么多观礼人会这么认为吗?

以上俱是郭嵩焘一面之词。他有手写回忆录《玉池老人自叙》,身后由儿子辈公开出版[光绪十九年(1893年)]——也是迄今为止唯一的单行本,《郭嵩焘诗文集》(1984)亦未收入——但是,手稿有一节专讲与钱氏的婚事,刊本却经删节。民国二十六年(1937年),俞大纲在《史地杂志》公布了这段文字,20世纪60年代初,黎泽泰也披露了这段文字(《玉池老人自叙校勘记》,载《湖南历史资料》1979年第一辑),二者皆自手稿抄出,录文略有异同,不害文义。坊间郭氏传记,如郭廷以《郭嵩焘先生年谱》(1971)、汪荣祖《走向世界的挫折》(1993)、王兴国《郭嵩焘评传》(1998)、孟泽《洋务先知郭嵩焘》(2009)诸书,于此荒唐事或叙或不叙,于此未刊稿或引或不引,要皆偏听偏信,以嵩焘遇人不淑为论定。唯曾永玲《郭嵩焘大传》(1989),略采第三方证词,质疑嵩焘的选择性记忆,然亦浅尝辄止,不得其详。鄙人不贤识小,广征舆论,作逐影诛心之文。

嵩焘密友曾国藩对这件事有一番痛斥。他在三年后评价嵩焘抚粤的作为，说：

> 即如弃妇一事，妇始入门，其老妾命服相见，为妇堂下坐而妾居上，此岂知礼者所为乎？比至粤官，与夫人、如夫人绿轿三乘入署，第二日夫人大归，第三日即下勒捐之令。持躬如此，为政如彼，民间安得不鼎沸？（赵烈文同治六年七月初五日记）

"大归"，即古曰出妻，今语离婚。不过，国藩记忆稍有问题，说抵粤第二日钱夫人就回上海，这肯定错了。然而，国藩消息灵通，说郭钱上海大婚当日，嵩焘的小妻（"老妾"）邹氏着"命服"，踞上座，要给新来的大妻一个下马威，让他印象深刻，应是实录。而抵粤上任，嵩焘不仅携带明媒正娶的夫人，还要捎上不宜外交的妾妇，招摇入署，完全无视当时当地的风俗礼节，则暴露了他的败德（"持躬如此"），以致无以服人（"为政如彼"即勒捐富户）。以此，未来嵩焘被左宗棠参了一本，巡抚免职，国藩一点儿都不同情。

若国藩所言属实，凭情而论，吾人读者大概也能理解何以钱氏过门后要大闹了。这位女士不是神经病，只是争取自己的权利而已。传统中国，妻与妾，与丈夫在身体上的亲近程度差不多（以频度论妾或过之），在名分与权利上却有巨大的差别。钱氏虽为空降继妻，仍是不折不扣的正妻，于情于理，俱不应接受与小妾平等的待遇。

还有证据。嵩焘的岳父钱宝琛，特别能克妻，他的三位夫人，分别是昆山陈世和的第三、第六、第八女，迭相谢世，当郭钱联姻，只剩下如夫人韩氏，即郭钱氏之母。而宝琛长子鼎铭，比嵩焘小六岁，则郭钱氏虽不一定年方少艾，但绝比嵩焘年轻许多，屈指可算了。那么，一个小姑娘家，受了不公平待遇，闹闹脾气，有必要说她"疯癫"吗？

更能做证的是俞大纲。其家与湘中巨族连有婚姻，其母后来在长沙见到了嵩焘死后才去湖南的钱夫人（已守活寡二十八年），观感是这样的："年已老矣，严谨不苟言笑，贤妇人也，殊非先生所述近于疯癫者流。"言外之意，很难想象青年有精神障碍，再守近三十年寡的女人，到老能是"严谨不苟言笑"的"贤妇人"。大纲不信，大家也不信。而在长沙也听到了这样的传说："或云夫人以不见容于先生宠妾，忿而决绝。"闺门之内的事情固然隐秘，但在根本不保护隐私的时代，其实也是相对透明的。以此对照曾国藩所说婚礼之日"妇堂下坐而妾居上"，如出一口，历数十年不变。只能信其有。

至于钱夫人何以守寡，何以来湘，答案则在嵩焘的回忆录。钱夫人回上海后，嵩焘并未真正申明离婚，而是托朋友转达三条"约法"，倘若钱夫人能够遵守，则夫妻还可以做下去。第一条，既回娘家，且双方未行夫妻之礼，则"于义可以另嫁"，然若不另嫁人，"则是为我守义，我不可竟以无义处之"。第二条，"此女之顽悖，多自其母，必其母死，或少失所凭恃"；显然，这是歧视钱夫人的庶出身份，说来似合时宜，其实没有道理。第三条，"脾气是否能改"；你不接她回来吃饭，怎么知道脾气能不能改？

"郭三条"很快就扩散了。至少王闿运借此劝过嵩焘两次，一则云"若妇果至，必能相安，使老夫无妻而有妻，尤快事也"［同治九年（1870年）十月朔日记］，再则云"妇顺弥贞，深居思咎，默而自守，又已八年，两姓前愆，可以消矣"。闿运还拿这封信向嵩焘说合，据其日记，嵩焘的回答是，好。不但说好，还掏出另一封江南来信，说李鸿章建议，钱夫人若来，应先在湘绮楼（王宅）住下，经考察合格，再与嵩焘相见。只是，后来闿运从另一位朋友处得知，嵩焘对李、王如此热心撮合的评价是："和尚劝闲，奇事。今不惟劝闲，又迎其妇居于庙中，奇之又奇也［同治十一年（1872年）七月朔日记］。"最终，钱夫人也没有理会郭三条（嵩焘云朋友"皆不敢加保"），而是隔了二十八年来实践这三条。

四十年后，俞大纲评论这件朋友圈的往事，说"细审先生内疚自讼之言，知夫人不负先生"（《跋郭筠仙先生玉池老人自叙未刊稿》）；却未发现前此李鸿章虽不能协和此事，却早已逮住机会公开表明了态度。鸿章为嵩焘写《墓表》，记叙未亡人，是这么下笔的，"公娶陈，继娶钱，先后封夫人，妾凤、梁";不仅表明钱夫人的身份,还刊落了邹妾的姓氏。

嵩焘有四妾,邹、凤、梁、李,固可在铭墓文一一载明(王先谦撰《神道碑铭》即如此)。但是,四妾中唯凤、梁产子,鸿章特悬高格,不录无珠,也算得体。

"情场网红"王闿运

永失我爱

同治二年（1863年）十二月，听闻老朋友毛鸿宾升任两广总督、郭嵩焘署任广东巡抚，一直郁郁不得意的王闿运决定去广州度岁，聊以排遣满肚的不合时宜。到得广州，该见的人见了，该喝的酒喝了，乃受人邀宴，去妓馆做个彻底的放松。他写信给妻子，描述粤省欢场的情状："凡倡女野客，多乐隐蔽，独此邦中，视同商贾：或连房比屋，如诸生斋舍之制；或联舟并舫，仿水师行营之法。卷发高尾，白足着屐，胭脂涂颊，上连双眉。当门坐笑，任客择视。家以千计，人以万数。弦歌揸声，尽发鸠音。远游之人，窈窕之性，入于其间，欲抱虎狼。"

广州的开放前卫，令闿运瞠目结舌。素已养成的审美观，令他无法接受这些梳高髻、穿拖鞋、化浓妆的豪放女。在喧哗的妓馆内，他感到孤独；无独有偶，在场另有一人，亦形落寞。这是一位南宁歌女，蹙眉不语，楚楚可怜，闿运怪之，问她为何一脸愁容。此女柔声答曰：刚搬家不久，下午回旧寓取什物，也不知为什么，便觉悲从中来，无限伤心。这个回答，没头没脑，适如言情小说所谓"花草月亮，淡淡的哀愁"。众人听了，哄然大笑，莫不说这个小姐有点儿呆。闿运不然，他是诗人，天生哀乐过人，闻此莫名其妙之语，大为欣赏，当筵赋诗一首，以为定情。此诗云何，已不可考，鄙意其风味，较之晏小山那一阕"记得小苹初见，两重心字罗衣"，当极相似。第二年春天，闿运便带她回到长沙，娶为长妾。这位女子，便是莫六云。

这段韵事，不久便在湘、淮两军高层中传开了，这些人大都是闿运的故旧好友，于是，"俱腾书相告，以为谈柄"。闿运因此十分自豪，一待要向外人介绍他的如夫人，便会说，此女来头极大，"惊动六省督抚"矣。当然，妾之佳恶，并不能以高官追捧做标准，终视乎德容颜工的评分情况才可论定。我们先看闿运如何评价六云的容貌。他的朋友丁取忠有个"好窥观人家姬"的习惯，闿运娶妾，丁氏自然要看一眼，可也就看了一眼，闿运欲让他再看一眼，他却死活都不愿意了。于是，闿运说："貌可知矣。"然则，闿运对六云的爱，不在颜貌，而在才德。

王、莫共同生活近二十年，闿运日记中记录了六云的很多言行，即此观之，六云确是贤女子。作为读者，我印象最深的，则是同治九年（1870年）二月六云的一句话。其时，一夜春雨，庭院中海棠尽谢，夫妇二人共赏落花，若有感触，良久，六云说："春雨愁人，富贵离别者甚；秋雨愁人，贫贱离别者深。"闿运曰："然。"

请为交代此段对话的背景：第二年，闿运将北上，再次会试。闿运之志向甚大，闿运之心性极高，虽有一帮不富则贵的朋友随时可以援手，他却宁愿选择一条堂堂正正的道路：考进士，点翰林，实现做"帝王师"的夙愿。只是，他的科举功夫实在平常，欲得一第，难度不小。而此时他已三十九岁，这次再不考上，"四十曰强而仕"的理想便将落空。于是，他处身于极为尴尬的境地——名满天下，却没有功名；交纳英豪，却自惭形秽。用他自己的话说，便是"余正居富贵贫贱之间，所谓出入苦愁者矣"。明了这层背景，再回味六云那句话，妙于形容之才，温柔蕴藉之性，一览无遗。

十三年后，六云弃世。依然"居富贵贫贱之间"的闿运再一次感到"离别"的巨大悲伤，遂在梦中（据其日记，窃以为托词耳）许下一愿：余誓与六云生生世世为夫妇。

通奸受罚

按清代法律规定：凡纵容妻、妾与人通奸，本夫、奸夫、奸妇各杖九十（《大清律·刑律·犯奸》"纵容妻妾犯奸"条）。美国史家卜德（Derke Bodde）解读这条法律，说，贫困是犯罪的原因，"在妻子是丈夫唯一或者说唯一可以出卖的财产的社会中，这类犯罪真是太普遍了"（《中华帝国的法律》，江苏人民出版社，1993年）。所言不差，在《刑案汇览》——清代乃至传统中国篇幅最巨编辑最精的法律案例汇编中，便收录了几十桩因贫困而纵妻通奸的案例。读过这些案例，不得不长叹一声，"哀生民之多艰"。

光绪五年（1879年）春，王闿运受总督之聘，担任成都尊经书院院长。因孤身入川，"浣濯须人"，遂请朋友介绍一个佣妇。闰三月八日，罗氏来应聘，经闿运面试满意，"令留供缝纫"。初时，外间有些闲话，说院长与佣妇"同居"，有伤风化。然闿运"平生不喜宋学（按，谓理学）"，认为请一个妇人帮忙洗衣服做家务，不是什么怪事，"世人多鄙暗之行"，淫者见淫，才"以此为怪"。数日后，与罗氏谈其家世，则不仅坚定了闿运聘人的决心，更令他对妇人生了敬意。罗氏云其夫已死，誓不再嫁，外出打工是为了赡养公公——公公虽仅四十几岁，然双目失明，无以为活（按，以此可推知罗氏的年龄在三十岁以下）。闻言，闿运叹曰"此妪竟贞节孝妇，可异也"；并进一步推测，罗氏正因怀有节孝之心，才能"坦然直入书院群雄之丛"。如此，宾主相安无事。

只是，接着往下看，读者发现情况起了变化。五月十二日凌晨四点，成都发生轻微地震，未尝经历过地震的闿运被"声震床榻"的怪响惊醒，仓促起床，大呼小叫，而回身一看，罗氏"甘寝不惊，反笑余之多怪"。确实，地震不是什么怪事，但是，"贞节孝妇"竟睡在院长身旁，这可是一桩大大的怪事。闿运没在日记里叙述罗氏上床的始末，读者无从设想。不过，年末的几篇日记，可为释疑。

十一月十八日，闿运离开成都，回湖南过年，开船之前，"呼苏妇登舟。初疑其不肯行，观其意乃欣然；知配从之非偶也"。"苏妇"第一次在日记中出现，她是谁？"配从"又是什么意思？且看十二月二日记："夜寝甚适，罗氏侍也。"罗氏也在船上，难道闿运……再看十四日记："遣苏彬上岸，余卧与罗妇谈。苏彬已还船，余未知也。"于是，真相大白：罗氏是苏彬的老婆，故称"苏妇"；罗氏初来，编出一段夫死翁聱的故事，那是博同情；后来，罗氏洗衣洗到床上，则应是夫妇二人早就订下的方案；再后来，苏彬也来为闿运打工，照顾他返乡的旅程，顺便带老婆回四川，也顺便多赚一份人工。而在长江的船上，"大臀肥身年青女人，就用一个妇人的好处，服侍男子过夜"，而她的丈夫，则"原谅媳妇的行为，尽她在前舱陪客，自己也仍然很和平地睡觉了"（沈从文《丈夫》，1930年）。

按如律，闿运作为"奸夫"，应受棍杖处罚。如实，则在他之前，在他之后，"纵容妻妾犯奸"的事情，史不绝书，法不能禁。生活的压力与生命的尊严，哪一个更重要？天知道。

总督与巡抚的"宫斗解密"

清代地方首长,以总督、巡抚为尊(按,新疆、东北等地,未设行省以前,不在此例),然而,总督与巡抚相较,谁是老大呢?总督(加兵部尚书衔)是从一品,巡抚(加兵部侍郎衔)是正二品;总督辖地有至二三省者,巡抚则只管一省;如此,则总督似为巡抚的上官,巡抚得听从总督的号令,总督是老大。但是,实际情况并非如此。总督与巡抚,特别是同驻一省的督、抚,为了谁当老大,常常打得头破血流,以致满城风雨,朝野不宁。此即清史上有名的"督抚同城之弊"。

督抚同驻之城有四:闽浙总督与福建巡抚驻福州,湖广总督与湖北巡抚驻武昌,两广总督与广东巡抚驻广州,云贵总督与云南巡抚驻昆明。若要为四座城市各写一部政治史,那么,督抚之间的斗争绝对要占不小的篇幅。举几个典型案例,稍作说明。嘉庆年间,两广总督那彦成与广东巡抚百龄不和,那彦成抓住百龄"非刑毙命"的把柄,告他的御状,导致百龄被下放到实录馆,当一份闲差;接替百龄的是孙玉庭,与总督也处不好关系,乃以"滥赏盗魁"的罪名将那彦成告到北京,那彦成因此被遣戍新疆;十年之后,百龄败部复活,又做了两广总督,孰知他"恩将仇报",竟以"奏报不实"参劾玉庭,搞得他下岗待业。这三位都是公认有操守的能吏,他们之间的争斗或被称为"君子攻君子",尚且如此残酷,倘若"小人攻君子",那非出人命不可。

咸丰初年(1851年),湖广总督吴文镕就被湖北巡抚崇纶摆了一道。崇纶抬出皇帝的招牌,逼迫文镕在军伍不齐、补给不足的情况下仓促出阵,导致文镕丧命沙场。此后,发生在昆明的事情更恐怖。咸丰、同治年间,云南省爆发回民起义,巡抚徐之铭暗通叛军,将与其意见不合的前抚邓尔恒及总督潘铎杀害,其间,还有一个总督张亮基,被他吓得数次告病求退,以速离云南为幸。其他,如两广总督瑞麟先后赶走郭嵩焘、蒋益澧两任巡抚;湖广总督官文弹劾湖北巡抚严树森,旋即自己被继任巡抚曾国荃弹劾,终于罢官;张之洞在两广、湖广任上分别与倪文蔚、谭继洵闹别扭。等等事例,层出不穷。可见,无论贤不肖,只要做了同城督抚,那就是一对冤家。

既然同城督、抚之争历久不息,愈演愈烈,满朝文武以及皇帝就没发现这个问题?他们不傻,特别是清朝的皇帝更不傻,他们早就发现了;不但发现了,这个局还是皇帝有意酿成的。

总督与巡抚,在明代只是一种临时差事,由皇帝钦派至地方,处理突发事件;到了清代,督、抚才成为固定职位。原则上来说,总督负责军务,巡抚察吏治民;总督对巡抚有节制之权——节制二字,不是今语直接领导的意思,而只有监督、指导之义;巡抚也有独立的政治地位和行政权限。若二人各安其分,似无冲突。然而这只是表象,实际情况是,承平日久,哪还有什么军务;若无军务,总督贵为封疆,岂不无事可做?于是,不甘闲放的总督就会对巡抚"侵权",干涉所在省份的人事、财政与司法。总督若是"君子",这种行为就叫"勤于王事";若为"小人",则是"假公济私"。然不论公私,他要横插一杠,巡抚既受其节制,绝不能直接抗拒,于是,只有私下里祭起神通,间接抵制。以此,势成水火,礼尚往来,同城督、抚不斗起来,那叫不正常。可这一斗,不就影响了地方的治理吗?最高长官的精力花在内讧上,临民治事的效果必然打折扣;"天王圣明",岂有看不清的道理?但皇帝仍欲维持这个局面,不轻更动。

因为，中国传统政治的理想状态是在君主专制下施行绝对的中央集权，最忌讳的是"权柄下移""外重内轻"。地方上如果只有一个最高长官（俗云"土皇帝"），行政效率固然提高，但地方权力随之凝聚增大，必然对中央政府造成压力，政权稳定甚或受到威胁——小则对中央政令讨价还价，大则称兵肇乱。此类历史教训，皇帝莫不烂熟于心，哪敢掉以轻心？如此，则怎么防止地方权力的集中、增强？最善之策，莫过于打散或混淆地方权力，让任一地方长官都不能独大。于是，一省已设巡抚，再给他配个总督，让他俩闹别扭，终日厮斗，通过"互相稽查"，以收"示维制、防恣横"之效。

此外，督、抚同城之城，也非随意确定，试比较福州与杭州、武昌与长沙、广州与桂林、昆明与贵阳的战略地位，即知有深意焉。可见，同城督、抚之斗争，既有外因（皇帝以中央政府的稳定而牺牲地方行政的效率），也有内因（人与人斗其乐无穷），几成必然之势，无可避免。

但是，在太平天国战争时期，竟出现一个不循故辙、超越时代的人物——湖北巡抚胡林翼。今人或闻"中兴四大名臣"——曾、胡、左、李之名，但更熟悉国藩、宗棠、鸿章的事迹，对排在第二位的林翼，多少有些隔膜。其实，林翼之苦心调护，尝救宗棠之命；林翼之包揽把持，洵为鸿章之师；而林翼之坚忍卓绝，终成国藩之名。他唯一的遗憾，只是死得早了点，不及见大功之成。闲话少说，讲一讲他如何与湖广总督官文相处。

胡林翼之父达源为少詹事（所谓文学侍从，清贵之选），岳父为两江总督陶澍，本人早登甲科，可谓少年得意。此后，家境破败，捐发贵州知府，清廉自誓，力当强寇，可谓备尝艰辛。先是贵公子，后做亲民官；曾是金马玉堂中人，又亲历骨山血海之惨；少年挥霍金钱，中年严于取舍；看惯上流社会的排场，而能体会底层卒伍的喜恶。这种独特经历，或有助于他处理复杂的人际关系。当然，督、抚同城相斗的历史惯性太大，他免不了要踏几步弯路。初任巡抚，他对满洲正白旗出身（上三旗之一，由皇帝亲领）、自内务府（可称皇家财务中心）发迹的官文，印象一点儿都不好，甚至官文以总督之尊"三往拜"，他竟"谢不见"。此后，听闻督署幕客经官文授意擅许实缺（今语"卖官"），署中用费如泥沙，且挪用军饷，他不禁动了"进贤退不肖"的杀心——密奏参劾总督。凭他收集的证据，以他在首都的奥援，加上他在湖北的文治武功，林翼自信，这一炮放出去绝不是哑弹——事实也能证明：他与国藩联手，就曾"干掉"不少大官。眼见流行百余年的同城督、抚恶斗将在武昌上演。幸好，他在发动战役之前咨询了幕僚阎敬铭——敬铭是个聪明人，更是个有智慧的人，否则日后做不成宰相（按，清代官制不设宰相，然俗谓大学士兼军机大臣者为宰相）。敬铭听毕他的计划，开口便说："误矣。"接下来讲理由：

首先，督、抚相斗，谁敢保证必胜？其次，就算胜了，朝廷若再派一个官文式总督下来，你还再次参劾他？更糟糕的是，朝廷若派下一个"励清操，勤庶务"的总督，他虽"不明远略"，却非要"专己自是"，另有一套，届时，你怎么跟他斗？若斗，最佳结果也不过两败俱伤，而东征大业俱付诸流水矣。这样有意思吗？你回头看看现实：官文不过中材，但他于军务吏治多能依你的意思去办，唯一恼人的只是贪财。毕竟不是大贪，就是每年给他花上十几万两银子，又何碍大局？至于他私下买官卖官，你既为巡抚，有察吏之权，那么，"可容者容之，不可容则以事劾去之"，于公于私，必能得到体谅。"此等共事之人，正求之不可必得者"，哄好了他，你"不啻兼为总督"。而今竟想干掉他，你是不是脑子烧坏了？

敬铭是智者，林翼何尝不是一点即通；闻言，击案大喜，赞曰："吾子真经济才也。微子言，吾几误矣。"嗣后，林翼与官文和睦相处，再不讲半句闲话。官文做甩手掌柜，打了胜仗还由他挂头牌，请旨领赏，何乐不为？于是，他对林翼"亦敬服终身"。

当然，上述故事对官文有点儿"妖魔化"。吾人今日犹可见到他的亲笔信稿，文翰未必尽雅，识见未必高超，但自有一份从容儒缓的气度，以此悬揣，他或不是济急之才，但绝非搅事之棍。《清史稿》评价胡、官的关系，说："林翼非官文之虚己推诚，亦无以成大功，世故两贤之。"窃谓能得其情。

脸谱·左宗棠

左宗棠的"美容"事故

历史事件的意义不断被后人修正，历史人物的面貌亦因此不断改变。譬如，曾国藩的面貌，自晚清以来，就经历了数次"整容"。一开始，是"中兴名臣"；及至推翻满清，建立民国，便成了不知大义的"民贼""元凶"（章太炎《检论·近思》）；自唯物史观占了上风，更被全面否定，变成"汉奸、刽子手"（范文澜《汉奸刽子手曾国藩的一生》）；近二十年来，风尚又变，才渐渐恢复了"文正公"的庄严。依有难同当之义，他的战友和同事——左宗棠，自也逃不过"整容"；唯宗棠之"整容"，非如"变脸"之类大手术，而更像点痣、文眉的"美容"小手术。因为，宗棠除了参加内战，还与英、俄等帝国主义做过斗争，他的事迹是吾国屈辱的近代史上少数几个亮点之一。尽量弱化他在内战中的表现，甚而表明他有积极、进步的另一面，是对他进行"美容"的根本原因。

于是，范文澜撰《中国近代史》（1947年），乃云："据比较可信的传说，当太平军围长沙时,左宗棠曾去见洪秀全,论攻守建国的策略,劝放弃天主耶稣,专崇儒教,秀全不听。宗棠夜间逃走。"这段叙述的深意在于,宗棠并非自始即甘心充当封建地主阶级的"走狗",而是对革命事业抱有同情,甚至有参加革命的实际行动。易言之,不是宗棠拒绝革命,而是革命家不带他玩;这是历史的悲剧,也是个人的悲剧。若然,可说手术成功。

但是,手术真成功了吗？我们来做个鉴定。

先看看"比较可信的传说"是怎么回事。早于范氏,对太平天国战争进行深入研究的史家,萧一山最为著名。他写《清代通史》(1932年),就提到了宗棠与秀全的故事,只是,他注明"传闻之辞,未可轻信"。更早,提到这段传说的则是日本人稻叶君山撰《清朝全史》(1914年),略谓:"据长沙人言,洪天王围长沙时,有一人布衣单履,与天王论攻守建国之策。天王不能用。其人乘夜逃去。"考清末刊行之书,有曰:"以为此人即左宗棠也。此说或不诬也。"即宋教仁、黄兴于1905年在东京创办的《二十世纪之支那》杂志,撰稿人多为两湖留日学生,故稻叶说"据长沙人言"。那么,宋、黄等长沙青年又听谁说的呢？还得往更早的时候查,最好能找到咸丰二年(1852年)长沙保卫战时的第一手材料。找啊找,天佑宗棠,果然找到了。

其时,长沙知府为仓景愉,他有一部回忆录——《静叟自述》,"咸丰二年"条云:"茶陵牧刘旭,失守降贼,献攻城论及诗文甚多。于城外空屋中获之。念此等乱臣贼子,登诸奏牍,于国体有关,毙之狱。"景愉自始至终参与了长沙之役,诸凡布防、捕匪、抓间谍之事,无不躬亲,若宗棠真去见了洪天王,他不会不知道。同时,他与左宗棠相处极不融洽,并因"私铸大钱"案被宗棠严厉查处,若宗棠真去见了洪天王,他绝不会为贤者讳。可见,当日长沙城外,确实有人投奔太平军,为革命事业献计献策。只是,这个人不是左宗棠。

其实,要对"传说"进行证伪,根本不用这么麻烦。只要考察宗棠与时人的往来书信,以及相关人士的年谱、日记,以确定他的行止,再比对洪秀全的行踪(譬如罗尔纲撰《太平天国史·洪秀全传》),就能发现,左、洪不仅在咸丰二年（1852年）缘悭一面，终其一生，也是"人生不相见，动如参与商"。

至此，可以鉴定：左宗棠的"美容"手术不成功，这是一个医疗事故。然而，这样的事故实在太多了，且都成了故事，且将不断地"传说"下去。奈何？

骂出个未来

左宗棠生平最不得意的事,是会试未售。做了大官以后,他逮着机会就要骂几句进士。为什么骂进士?自己没考上呗。

同治五年(1866年)冬,宗棠从闽浙总督任调陕甘总督,赴任途中经过江西九江。九江道、九江知府与德化知县俱来迎送,他却"弗引为同调也"。为什么?他们都是进士出身。只有九江王同知,受到了左伯爵平易近人的礼遇。为什么?他是举人出身。寒暄几句,宗棠问同知,进士好,还是举人好?王某明戏,说,举人好。宗棠故作惊讶,问,何出此言?同知说,这人一旦中了进士,若再点翰林,则须在诗赋、小楷上用功,否则,或在京做部曹,或赴省做知县,而皆"各有所事,无暇以治实学"。只有举人,能够"用志不纷",专心讲求经世济民的真学问,何况"屡上公交车",既读万卷书,又行万里路,途中可以"恢宏志气""增广见闻",所以说举人比进士好。

这番话实在自相矛盾。"屡上公交车"说的是举人因未考中进士,不得不连年复考,从头到尾,都是功名之念萦怀不去,哪里谈得上"恢宏志气"?宗棠当年三考不中,黯然出都,其时也没拿什么"志气"以傲人。

当然,如今位尊官大的宗棠,已经忘了当年的垂头丧气,只记得历览名山大川，访闻各地豪杰的意气勃发，于是，闻言"含笑称善"。会后，宗棠向人"极口赞誉"王同知，说九江地区看来看去也就王某是个人才。江西官场经中兴功臣这么一通批评，不由大震，纷纷打听王同知到底有哪些优秀事迹。调研结果出来，王某不过逢迎了一段举人的胡说，如此而已。各官不禁爽然久之，哭笑不得。

不过，到了陕甘任上，宗棠并未昏耄，还是受了谏言。同治十年（1871年）某日，与幕客闲谈，问，近来外间对我的评价如何？幕客云，别的都好，只是总说举人比进士牛气这事，惹得大家"啧有烦言"。宗棠愕然，曰："汝语真耶？"幕府云，绝对保真。这话宗棠大概听进去了，次日，翰林散馆选授甘肃文县知县的陶模（未来的陕甘总督）谒见总督，宗棠虽知他是翰林，却未"弗引为同调"，而是"一见欢若生平"，此后更是历次保举，吹嘘备至，似已忘却浔阳旧事。

其实，宗棠一生知己，如胡林翼，如曾国藩，如郭嵩焘，如沈葆桢，全是进士出身，还都点了翰林，他可没有真拿举人身份去傲视这几位朋友。当然，这几位朋友也从来没有瞧不起他的出身。英雄不问出身，他何尝不知道，只是，盛气每能凌人，实至而名不归，遂偶以自卑为自傲，也是贤者不免的事情吧？

除了进士，左宗棠还喜欢骂曾国藩。国藩生前，已知宗棠"朝夕诟詈鄙人"，然而自觉"拙于口而钝于辩"，即欲回骂，"终亦处于不胜之势"，只能"以不诟不詈不见不闻不生不灭之法处之"，求个清静。国藩逝世，宗棠撰联表彰，虽谓"自愧不如元辅"，实则不能忘情，没过多久又接着骂了。

宗棠骂国藩，不择时，亦不择地。

有时在家里骂。一日，被家庭教师范赓听到。这位老师性情诚挚，语言质直，听到东家骂得太不堪，实在忍不住了，站起身，严肃地说，您与曾公之间的矛盾，谁对谁错，鄙人不敢评论，但是说他"挟私"，这话我可不爱听（"则吾不愿闻"）。虽未见过曾公，然而他的谋国之忠，有口能说，难道天下人都是佞人？以此，"不敢附会"，还请老板自重。

有时在军营骂。宗棠"每接见部下诸将,必骂曾文正"。而部将大多出身"老湘营",曾国藩是他们的老领导。这些人固然不敢当面得罪大帅,可也不愿违心去说曾文正公的坏话,于是,只能在这个尴尬的场合强忍着恶心,心中默念:"大帅自不快于曾公,斯已耳,何必朝夕对我辈絮聒?吾耳中已生茧矣。"

有时连骂数日。在两江总督任上,恩人潘世恩之子曾玮求见,本要请示地方公事,孰料"甫寒暄数言",宗棠就大谈自己在西北的功绩,"刺刺不休,令人无可插口"。好不容易表功完毕,曾玮正拟"插口",宗棠手一挥,说别,然后开始骂曾国藩。时已衰老,不能长久对客,副官不等骂完,"即举茶杯置左相手中,并唱送客"。公事还得继续,次日,曾玮又去了。宗棠心情不错,办了一桌酒,与他边喝边聊。曾玮想,这总能"乘间言事"了,孰料宗棠惦记昨日骂人"语尚未畅""乃甫入座,即骂文正",一直骂到散席。过了几天,曾玮贾勇来辞行,想抓住最后的机会,孰料一见面,仍是骂曾国藩,骂完,不待"插口",又讲西北功绩,结语则用来骂李鸿章与沈葆桢。(按,二人地位略逊于曾国藩,都是宗棠的老搭档。)还没骂完,副官担心大帅的身体,"复唱送客",曾玮赶紧趁着宾主道别那一刻,强行"插口""一陈公事",才说了几句,宗棠兴致又起,"复连类及西陲事"。曾玮一听,头都要炸了,"不得已,疾趋而出"。

左宗棠素以诸葛亮自况,而看他对曾国藩的态度,却似终生抱憾于"既生瑜何生亮",亦可悲欤。

军机处的大话痨

光绪七年（1881年）正月，左宗棠自西北入都，陛见后，太后命入职军机处，在总理衙门行走，管理兵部事务，俨然丞相也。然而，七十老翁，精力已衰，不免要闹笑话。

上一年，李鸿章连上数折，奏请中央增加海防军费。他管北洋，为海军要钱是理所当然，不过，说他没有对未来的战略思考，只想为自家兄弟弄些钱来花，是绝不公平的。而在五年前，左宗棠犹在西北苦战，鸿章就提过这茬，宗棠当即发起雄辩，外加格于局势，政府不能不将投资重点放在湘军一边。及至西域稍定，鸿章旧事重提，宗棠仍欲应战，这就是近代史著名的海防与塞防之争。

军机处领班恭王对此并无成见，另一位军机大臣李鸿藻是"清流领袖"，对"浊流"的幕后黑手李鸿章是有意见的，二人商量的结果是，左宗棠凯旋在即，不如当面听听他的意见。于是，军机处一直未对鸿章做正面答复，直到宗棠来军机处上班，才开始拟稿。

可是，宗棠是怎么办公的呢？拿起鸿章的折子，翻开第一页，他就从海防说到塞防，再从塞防说到自己在西域的功绩，"自誉措施之妙不容口""甚至拍案大笑，声震旁室"，完全忘了各位大佬聚在一块儿开会，是为了讨论国防预算。不知不觉，大好光阴就在左相愉快的笑声中溜走了。各位军机大臣一合计，许是左相久别京都，过于兴奋，稍逾分寸，可以理解，那就明日再议吧。

次日，翻到第二页，宗棠拣着折中的话头，继续开故事会。三日，四日，直至第十五日，都是这个套路。军机处王大臣们再有耐心，再有涵养，也受不了了，"初尚勉强酬答，继皆支颐欲卧"，终则"同厌苦之"。不得已，请恭王做个决断。恭王是军机处最年轻的人，早受不了这半月来的"喧聒"，遂命章京收了此折，剥夺宗棠的参政权。宗棠倒是宰相肚里能撑船，下次来上班，不见了这个议题，"亦不复查问"，此事"遂置不议"。

自此以后，可想而知，一旦宗棠参加会议，同事都会感到痛苦，而且也完全没有效率。于是，经过各种运作，九月，诏命左宗棠出军机，授两江总督。临行，宗棠辞别太后，"自陈过蒙矜恤，非意望所及"。此语似略含哀怨。太后圣明，一听就明白，赶紧占领舆论高地，说："两江公事，岂不数倍于此？"正因为你素来办事认真，又能降伏夷人，这才派你去华洋夹杂之地，办他人办不妥的事。宗棠受哄，闻言释然。不过最末太后加了一句："尔当多用人才，分任其劳。"就不知宗棠有没有体会这句话的深意了。

左相大事不糊涂

咸丰年间（1851—1861），左宗棠在湖南巡抚骆秉章麾下，身为幕客，却有巡抚之权。有人说，秉章日与姬妾饮宴作乐，军事政务皆拜托左先生，宗棠尝云，巡抚不过傀儡，我若不扯线，他是分毫不能乱动。世人闻之咋舌，秉章不以为忤也。

秉章某妾之弟，来湘谋职，久无所归，妾请秉章想办法，秉章说，用人之权皆听左先生的意见，我不能干预啊。妾再三请之，秉章不得已，某日，借口视察工作，到宗棠办公室，亲口提起此事。宗棠闻言，说，呵呵，小事一桩，既然都高兴，大人何不请我喝杯酒。秉章以为应允，欣然设宴。入座，秉章斟酒，宗棠连着干了三杯，突然起立，作个长揖，说，刚才这是饯行酒，左某就此告辞了。秉章大惊，但是很快就明白过来，此行实属"侵权"，得罪了左先生，当即改容道歉，说，刚才的话当我没说，千万不要因为一时误会，伤了和衷，先生请放心，此后一切听指挥，再不敢干涉你的工作。这才重归于好。

或谓，但凡事关用人，俱能唯才是举，宗棠从幕客到宰相，不仅不受请托，也不向人请托，一直坚守原则。尝云："苟有人才，我自能位置之，如其不才，复以贻祸他人，我不为也。"

光绪七年（1881年），故人之子黄某以知县候补福建，数年未得一差，听说左伯伯授了大学士，便去北京找他想办法。拜谒时，宗棠尚不糊涂，记得他是老朋友的儿子，亲切慰问，态度很好。黄某定了心，说及候补的苦处，请左伯伯帮忙向福建长官写信，说几句好话。宗棠曾任闽浙总督，对福建官场很熟悉，黄某求一封推荐信，自以为能遂愿。哪知道宗棠面色一变，厉声说，你小子并无才干，竟然"有田不耕，有书不读，而羡慕做官"？随又给他指了一条明路，说，倘能回乡务农，我送十亩田给你。此外念想，都是非分之求，切勿再提。黄某讨了没趣，"惶悚而退"。

只是，第二年宗棠出任两江总督，却几乎违反了原则。其时，他的女婿陶桄(前两江总督陶澍子)历署江西湖口、临川知县，升任道员，需次浙江，已获委海塘会办。这些职务，皆是优差，显系赣苏二省官员看在宗棠的面子，照顾他的女婿。然而女婿犹不满意，还要争取浙西盐补统领的位置，此系著名肥差，人事关系在江苏，办公、拨款却在浙江，须经两江总督与苏、浙巡抚会委。宗棠徇其请，亲向苏抚卫荣光与浙抚刘秉璋关说。卫、刘商量，认为不合适，遂由与宗棠关系较好的秉璋回信婉拒，云："浙江海塘关系杭、嘉、湖三府民命，某观察（按，谓陶桄）精明稳练，深资倚任，一时未便遽易生手，免误海塘要工。"复函措辞极为得体，只是，不知总督能否听得进去，二人仍是担忧。而此时的左宗棠，表现却如当年的骆秉章，回信云，"不意（陶桄）为公器重若此"，并再三致谢。此议遂寝。

丞相暮年，或不免糊涂，所幸终能保住晚节，仍然令人敬佩。

左三爹轶事

清人武陵陈鼎熙，撰《栩园藏稿》，所记左宗棠轶事，流传不广，而极有趣，摘录数条以为谈资。

宗棠自比为诸葛亮，常号"老亮"或"今亮"，战胜攻取，一旦得意，辄曰："今亮似犹胜于古亮矣。"此事知者甚多，但是他提着独家订造的灯笼，大书"老亮"二字，往来长沙城中，人称"亮灯"，则言者不多。

闽人林寿图曾入宗棠幕，一日晤谈，恰好传来捷报，宗棠大喜，寿图拍马屁，说："此诸葛所以为亮也。"宗棠微笑点头，然而又埋怨今人自比孔明者为数不少，如他的好朋友，郭嵩焘弟昆焘，自号"新亮"，刘蓉则径称"赛诸葛"。寿图继续抖机灵，说："此葛亮所以为诸也。"闻言，宗棠大不悦，宾主不欢而散。有好事者传说，寿图后来被宗棠参劾，就与这句玩笑话有关；其实不然。

宗棠在江西，因系第一次领军，十分慎重，迟迟不与太平军开战。一次，敌军逼近，将校请令者再，宗棠仍然踌躇不决，喃喃自语："左某养气读书，平日所以自负者何在。"就这么消磨了半日，最终下令"开兵"，还是用的颤音。大英雄也怕头一遭，吾等凡人更应临事而惧了。

宗棠出幕学战，自江西至浙江，一路上勤俭节约，不开小灶，"遇士卒方食，即取匕箸同餐，尽饱而止"。即在军中宴客，亦不过"白肉数片，鸡子汤一盆而已"。然在陕甘总督任上，则一改旧习，"饮馔服御，均尚豪华"。自奉如此，待人亦不薄。岁暮，向京中各部曹官及同乡官致送"炭敬"，人均八两，每年费银二万两以上。每得胜仗，各界发来贺函，他一一过目，视文辞高下，发放大小不等的红包。为其兄刊刻遗集，遍送戚友，有读者签出数处讹误，致书提醒，宗棠复书感谢，并奉上红包十六两。（按，晚清一两银子相当于今日五百元，十六两约等于八千元。校对费这么高，令人艳羡。）

晚年宗棠与曾国藩弟国荃相遇于南京，他问国荃"一生得力所在"，国荃曰："挥金如土，杀人如麻。"宗棠大笑，曰："吾固谓老九才气胜乃兄也。"（按，俗论固以"杀人如麻"为宗棠的本领，其实"挥金如土"也是他的心得。）

最后一次回湘阴老家，乡人围观，宗棠担心后排观众看不清清宫太保的真容，乃"直升大方几上"，大声说："试都来看左三爹爹。"（按，宗棠有两个哥哥，宗棫与宗植，故自称左三。）宗棠公余与人扯淡，多说"诡异惊奇不经之事"，惹得听众偷笑，宗棠不以为忤，亦笑曰："某姓左，所谓左氏（按，谓《左传》）浮夸。"闻者以为妙语。

李鸿章则对宗棠晚年的"浮夸"不以为然。与人书，云："左文襄晚年尝以寿过孔子自誉，而曾文正公则深有感于陆务观'得寿如富贵，不知其所以然，便跻高年'之语，而推论盛名大权之难久居，文襄之言戏而近夸，不如文正之言平实深警矣。"

脸谱 · 李鸿章

李鸿章代笔事件

李鸿章死，不足百日，梁启超就为他做了论定，曰："李鸿章实不知国务之人也。"又曰："李之受病，在不学无术（《李鸿章传》）。"罗尔纲不同意，说，"批评鸿章徒知效法西洋物质建设，而不明西洋所以富强的本源，那是错误的""启超此论，殊厚诬鸿章"。为了说明鸿章身为"中兴名臣"，位高权重，何以不能戮力自强，振兴国家，罗尔纲强调首要原因在于当时的封疆大吏"自顾本省，力尚勉强可及，兼支全国，则势有所不能"，而"鸿章以一直隶总督，内则扼于翁同龢、李鸿藻辈，外则各省督、抚各自为谋，孤立无助，只以北洋一隅支持全国以与方兴的日本战，安得不败"（《淮军志》）。

梁启超撰《李鸿章传》时，才二十九岁，对湘、淮人士在社会上的影响力，必有非常直观的感受，而对晚期帝国的实际操作则未了然，或以此产生了不切实际的希望，以为军功集团硕果仅存的大佬李鸿章真正拥有改变中国的力量，却没想到鸿章不仅慨叹"得君之难"，还常受清流之挤，方自固保位之不遑，何敢再有出位之思？或要等到戊戌政变，亡命海外，发现皇帝也自身难保；或再等到民国肇造，受了袁世凯的玩弄，这时回头想想中堂，启超才会生出同情的理解吧。

然而这个话题长使英雄泪满襟，还是说说鸿章"内则扼于翁同龢"这个可以八卦的话题。其事得从翁同龢的三哥翁同书说起。

翁同书（1810—1865），比翁同龢年长二十岁，道光进士，咸丰末官至巡抚。同治元年（1862年）正月十六日，同书奉调令回京，不过一星期，就被革职逮问。原来，初十日，新受命节制四省军务的两江总督曾国藩，上折严劾前安徽巡抚翁同书，说同书早在咸丰九年（1859年）六月定远失守时，不顾守土有责，"弃城远遁"，逃往寿州，随又勾结土匪苗沛霖，"屡疏保荐，养痈遗患"。而当十一年春，沛霖为报私仇，围攻寿州，同书既不能守，又不肯走（其时已奉回京另有任命之令），竟然遵了沛霖的"逆命"，逮捕地方团练绅士孙家泰，致其全族为沛霖杀害，事后反而"具疏力保苗逆之非叛，团练之有罪"。前此，咸丰十一年（1861年）正月间，同书上疏，一折三片，连篇累牍，说的却是"苗沛霖之必应诛剿"，有"今日不为忠言，毕生所学何事"之语。两相对照，"大相矛盾""判若天渊"，而且，事定之后给国藩写信，"全无引咎之词，廉耻丧尽，恬不为怪"。于是，国藩建议，对这种失守逃遁，酿成巨祸，而又"颠倒是非，荧惑圣听"的坏官，务必请旨"革职拿问"，命王大臣九卿会同刑部议罪，"以肃军纪而昭炯戒"。为了坚定中央惩办同书的决心，国藩最后加了一句："臣职分所在，例应纠参，不敢因翁同书之门第鼎盛，瞻顾迁就。"

安徽是两江总督辖区，故曰"职分所在"。至于"门第鼎盛"，请开列当时翁氏三代的职衔。同书父心存（1791—1862），大学士，管理工部事务，是所谓当朝宰相（按，清代不设宰相，民间俗称大学士为宰相，大学士兼管部务可称真相，若兼军机处领班大臣则是首相）；兄同爵，兵部员外郎（未来仕至巡抚）；弟同龢，咸丰六年（1856年）状元，提督陕甘学政（未来也是宰相）；子曾源，恩赏举人（第二年即中状元）。而且，［咸丰六年（1856

年）]"冬，赐御书福字，并文绮食物，自是岁以为常"（翁同书《皥斋自订年谱》）。于此可知翁家的"帝眷"有多深厚，于此也可知国藩参折那一句"不敢因翁同书之门第鼎盛，瞻顾迁就"有多冷峻。

奏上之日，即君臣缄口不能为同书开脱之日。当然，不仅上有政策，下有对策，偶值下有警策之时，君上也有对策——无非大事化小，小事化了的八字诀。请看进程：二月，同书议以失陷城寨律治罪，拟斩监候。十一月初，心存病卒，特旨同书出狱治丧。次年二月再入狱。到了这年秋后问斩的前夕，太后没有"勾决"，只说"仍牢固监禁"；十二月，以"皖北肃清""加恩发往新疆效力赎罪"。同治三年（1864年）三月启程，至山西，有旨，改发甘肃营中效力。同治四年（1865年）十月，卒于军，特旨复原官，照军营立功后病故例赐恤，谥文勤。

尽管没有送去菜市口砍头，其兄英年早逝，这份参折终脱不掉干系，其父卒年虽逾古稀，此折多少也有速死之效。自私谊而言，谓同龢与国藩有不共戴天之仇，并不过分。然而同龢心中似已放下了这事。当国藩以中兴元勋身份再回首都，同龢去"晤湘乡相国，无一语及前事"，并无仇人相见分外眼红的冲动，心中所想，不过是"南望松楸（按，翁氏祖茔在常熟虞山），相隔愈远，往年犹得展拜墓下，今何可得哉。忠恕二字一刻不可离，能敬方能诚，书以自儆"[翁同龢同治七年（1868年）十二月晦日日记]。显然公义战胜了私怨，时间冲淡了遗恨。

可这与篇首试图揭示的翁、李不和有什么关系？原来，世传国藩参折有人代笔，代笔者正是鸿章，而同龢不敢公然与国藩作对，遂将一腔怒火发泄到鸿章身上，并从此揭幕了未来二十多年帝党与后党（或曰清流与浊流）相斗的连续剧。有不少近代乃至当代笔记传述了这件轶事，只是大都语焉不详，没有一家能举出确证。鄙人倒是在同龢日记里发现一条，似可证明同龢对代笔人耿耿不能忘，然而嫌犯却非鸿章。其词曰：

得徐毅甫诗集读之，必传之作(自注：毅甫名子苓，乙未举人，

171

合肥人，能古文）。集中有指斥寿春旧事，盖尝上书陈军务，未见听用，虽加体貌，而不合以去。弹章疑出其手，集中有裂帛贻湘乡之作也。(同治九年七月二十二日)

按，徐子苓是皖中名人（"合肥三怪"之一，生平见马其昶撰《龙泉老牧传》)，早在北京，即是曾国藩"朋友圈"的常客，也是湘军创始人江忠源的生死之交，后来加入国藩的幕府。所著《敦艮吉斋文钞》中有两首《上翁抚军书》(俱在卷二)，即所谓"上书陈军务者"；《敦艮吉斋诗存》卷二"山中寇盗相仍，将移家，闻曾率兵抵皖南，先书问王大子原，时贼严关侦索，裂衫帛代书，并题一诗，纳老奴衣絮中"，署年"庚申"[咸丰十年（1860年)]，此即所谓"裂帛贻湘乡之作"。

咸丰十一年（1861年）冬，应是参折草稿之时，考其行踪，其时子苓、鸿章俱在国藩幕，但是鸿章正全力筹组淮军，且早就离开合肥做了难民，似不如子苓长时间生活在"敌占区"，了解情况，兼"能古文"，可以专心代笔。同龢之所以怀疑子苓，不是没理由的，且定有风言风语入耳，才会在日记里为他挂个号。至于鸿章，在代笔这事上似是背了黑锅，尽管他并非没有直接得罪同龢。唯纸短事繁，容俟异日。

补记

赵烈文光绪十三年（1887年）八月廿六日记：(同书入狱）亲识满朝，无策解免，有缘先朝故事，父在系子得状元蒙赦者（传言是吾里庄本淳侍讲事，余考之非是)，(曾源）遂以之膺选，援例陈请，果邀宪典。

中堂的主考梦

科举考试，以及因之引发的得失荣辱，让很多人失去平常心，近代史上三大巨公也未能免俗。曾国藩一生怕听"同进士"三个字，左宗棠每以不中进士耿耿于怀，李鸿章则在主考官这顶帽子前方寸大乱，风度尽失。

每届科考，都由皇帝向各省派遣主考官。主考官操持"衡文选士"之权，"主持风雅"；对于不甘心仅为"俗吏"的公务员来说，是宦途中莫大的荣耀。考官中，尤以顺天府乡试主考官最为尊荣。顺天府，就是彼时的京师，今日的北京。清制：顺天府主考，必由进士出身的大学士、尚书、侍郎等一二品大员充任，较他省级别为高。

李鸿章大半生顺风顺水。二十五岁，中进士，点翰林；四十岁出头，封伯爵；五十岁，拜大学士，总督直隶。这时候，再出任一回顺天主考，那就算得上功德圆满了。谁知道，自具备主考资格后，一晃二十多年过去了，熬成七十老翁，他也没轮上一回。其间，凭着总理各国事务衙门大臣（下称总署）的身份，他还做过一次"演习"。中国第一所官办新学堂——京师同文馆归总署管理；某年，他安排属下将同文馆年终考试的中文科答卷送到办公室，闭门三日，逐卷评分，过了一回干瘾。只是，演习终归不是实战，不能真刀真枪做一次主考，犹不免于遗憾。

光绪二十三年（1897年）七月三十日清晨，刑部侍郎瞿鸿禨家里来了一位不速之客——七十五岁高龄的李鸿章。进门后，李鸿章请瞿鸿禨屏退左右，低声说："今日登门，是要告诉老弟一个秘密：今年顺天府主考官已经内定，老夫与你俱在选中。但是，数十年来，戎马奔驰，交涉中外，老夫的八股功夫退步得厉害，实在不知能否胜任。到时候，老弟你务必多费点儿心，为鄙人做个圆场。"一般来说，主考人选不到内廷宣旨之时，旁人不会知晓。但是，鉴于李鸿章的身份以及郑重其事的态度，瞿鸿禨不敢也不便多问，只好连连点头应诺，姑妄听之。

据说，此前某太监遣人密告李鸿章，倘能"报效"若干两银子，则当在此次主考圈选中做些手脚，令其当选。并顺便透露瞿鸿禨深得太后欣赏，此次必能当选。李信以为真，当即如额缴款。"贿选"以后，兴奋之余，想到自己年老学退，真要做了主考，怕是不能胜任。因此，一贯细心的李鸿章这才屈尊拜访瞿鸿禨，请他届时帮衬一下，免得自己出丑。

然而，事实证明，李鸿章这次闹了个大笑话。拜访瞿氏后第二日，旨下：瞿鸿禨充任江苏主考。八月六日，顺天主考人选公布，其中并无李鸿章的名字。四年后，李鸿章辞世。

一生未酬的强国梦，终于幻灭的主考梦，伴随着口中的琀玉，与他一起永息泉壤。

君子动口又动手

咸丰八年（1858年）秋，李鸿章在曾国藩幕府，同时，左宗棠、胡林翼、彭玉麟也常来会商，一时间，大佬云集，蔚为盛况。大佬们经常就各种问题交换意见，一旦形不成共识，则常能擦出文斗的火花，甚至还演出武斗的闹剧。

左宗棠在营，称呼他人从来都直呼其名，唯对曾国藩客气一点儿，叫他"涤生"（国藩字）。有一次，两人辩论，互不相下，曾国藩为缓和气氛，乃改换话题，说咱们对对子吧，并出了上联"季子自鸣高，与吾意见常相左"，意谓老弟你莫总是牛气烘烘，非要跟我对着干；而联中巧妙嵌进"左季高"（宗棠字）三个字，算是一半玩笑一半顶真。左宗棠正在气头上，不假思索对了下联："藩臣身许国，问君经济有何曾？"其意则云：我看你不过口头救国，真论经世济民之术，你是屁都不懂；下联也嵌进"曾国藩"三个字。但是，这是直呼其名，比起上联"季高"的字呼，极为无礼。曾国藩本拟借对联化解纷争，孰料引火烧身，反被左宗棠狠狠修理一顿。这顿饭终于不欢而散。

饭桌上口舌争胜是营中常事，更狠的是厅堂上拳脚相交。公余，众人围坐扯闲篇，扯着扯着，总不免搞搞地域攻击——今日网络论坛，若人气不旺，只要有人上帖谈谈上海人如何如何、北京人怎样怎样，点击率、回帖量必陡然上升。与此一个道理——有一次便扯到安徽人身上，语多调笑。既称湘军，在座自以湖南人为多，为安徽辩护的就只有李鸿章，他孤军奋战，苦苦支撑，无奈敌方人多势众，渐渐就显出颓势。据网络辩论可知，每届此时，泛泛而谈的地域攻击往往会演变为问候对方辩友直系亲属的人身攻击。鸿章未能免俗，以彭玉麟父曾在安徽做官为"机会点"，开始阴一句阳一句地反扑。这还了得！竟骂到老子的老子头上，一贯火暴的玉麟二话不说，"遂用老拳"。玉麟个小，不到一米七，一米八几的鸿章怎会怕他？"亦施毒手"。于是，参谋总长和海军司令"相扭扑地"，斯文尽丧。至于这场架谁打赢了，暂无史料佐证，据我分析：鸿章身体占优，玉麟格斗技巧娴熟，初一接战，当是两分之势，而旁人必会上前劝架扯间，最终应算平手。

后来，各位大佬都混成了一品大员，文斗仍不能尽免，激烈程度则有所降减（至少不会当面直呼其名）；武斗则再未发生，令围观群众如我辈不由得意兴索然，掩卷太息。

小李那鲜为人知的B面

胡林翼曾说，时人中写奏折的高手不过三人，分别是曾国藩、左宗棠和自己。其实，李鸿章写奏折的水平十分高明，绝对是个高手。只是，胡氏说这话的时候，李鸿章尚籍籍无名，故未齿及。

咸丰二年（1852年），李鸿章在翰林院任职，清闲无事，成日泡在琉璃厂，以买旧书、搜古董消磨时光。一日，在海王村书店邂逅同乡某，某曰："咦？您还跟这玩古董呢？咱们老家都快沦陷了，您还不想办法给朝廷递个折子，请万岁爷调派兵将去拯救桑梓？"鸿章当然知道太平军已攻入安徽，但觉得自己不过一个无用书生，除了干着急，哪有办法为家乡做贡献？一经点醒，他才意识到自己并非全无服务家乡的机会，于是，掉头直奔工部侍郎、安徽老乡吕贤基的府邸，建议他奏请皇帝救助安徽（鸿章当日尚无专折奏事的权限，故须借吕贤基的"马甲"，否则不能"上帖"）。

吕贤基一听，说，这是大好事，理应奏闻；只是，我手头工作多，忙不过来，这个奏折还是由你起草，我但署个名吧。鸿章回家，"翻检书籍，审察形势，惨淡经营"，花了一整天，写出一篇悲壮慷慨的长折。写毕，已是深夜，他遣人将折稿送到吕府后，倒头便睡。次日午后，鸿章起床——未经曾国藩调教以前，鸿章是从不起早床的，稍事梳洗，即奔赴吕府，打听此折的批谕。到了吕府门口，他却听到墙内"合家哭声""如有丧者"，心中不由咯噔一下：难道，吕大人他……急命通报引见。甫登堂阶，吕贤基已"自内跳出"，满脸泪痕，悲号："少荃，你害死我了！"鸿章一愣：难道请援也要被皇上责怪？欲问个究竟，话未出口，吕贤基已紧紧抓住他的手，道："皇上说，这折子写得好，写得真好啊！皇上龙颜大悦，皇上要重用我，皇上他，他，他钦点我——回乡去杀贼啊！"鸿章这下全明白了。不待他做出反应——急切间他还真不知作何反应：恭喜？哀悯？鼓励？吕贤基又说了："皇上瞧得起我，但我想不通啊！你，你，你，你得跟我一块儿去！"

次日，吕贤基奏调李鸿章同行，皇帝制曰：可。

奏折写成请战书，实非鸿章意料所及，然木已成舟，无法挽回，也只好满怀心事，跟着吕大人回乡去办团练。八个月后，二人在舒城被太平军围困，崩溃不可避免。李鸿章借口老父病重，脚底抹油，奔庐州；吕贤基独力支撑，被杀，谥"文节"。

直捣黄龙

第三卷

孤注一掷，绝地反击，此乃百年来未有之变局

1896-1911

世态·三

张之洞的"难言之隐"

张之洞是清末废除科举的急先锋。

早在1895年,与英国传教士李提摩太初次见面,他对教育改革的意见便令对方佩服。1897年末,他派姚锡光赴日本考察"其国立学、练兵,兴革之由,训练之法",似已有废除科举的谋划。1898年,他所著《劝学篇》被光绪皇帝钦命刊发全国,俨然作为维新运动的指导性文章。但是,变法失败,他谨守"政治正确"(此为洋话,中国话叫"明哲保身")的信条,再不敢轻易吐露与康、梁等"维新派"相同的意见,尽管其立论基础大相径庭。

而到了1901年,风向再变,连皇太后都已认可废除八股,那么,前此未竟之"妥议科举新章"的话头,遂又可以重新提起了。于是,身为湖广总督的张之洞,联合两江总督刘坤一,发起"江楚会奏",建议"酌改文科"。于是,张之洞成为近代教育史上最重要的人物(入京前,在地方力倡教育改革;入京后,任大学士,派管学部,主持教育改革)。

然而，张之洞力倡废除科举，并非全无阻力，而此种阻力，又不可径以"保守""反动"名之。比如，1904年的甲辰会试，是中国最后一次科举考试，其时，张之洞正大力推进废除科举。之洞侄婿林世焘，在此届考试中以候补道身份考中进士，世焘本欲"请归原班"（补一个部省的实缺），之洞闻信，乃一日内连发五封电报，严责世焘，命其无论如何，一定要考取"馆选"，即入翰林院。

这个故事说明什么呢？说明两个问题。一、张之洞素以自己中进士、点翰林，是纯粹读书人为傲，不太瞧得起非"正途出身"及没有学问的人。若论出身正、有学问，天下之大，谁比得上翰林学士？以此，他要劝侄婿努力跻身翰林院。二、他认为废除科举之后的情形并不乐观，生怕再有反复，侄婿因"误入歧途"而影响日后的发展。

事实上，在废除科举后一段时间，对于"学堂""留洋"出身，旧日士大夫乃至一般舆论并不引为荣耀。一生欲作"帝王师"而不得的王闿运，于1908年特授翰林院检讨，尝赠诗张之洞，对"新学后进"大加调侃，诗曰："愧无齿录称前辈，喜与牙科步后尘。"（按，"齿录"，指科举时代同榜中试者汇刻之姓名籍贯三代履历，即同年录。"前辈"，后入翰林院者对先入者的尊称。"牙科"，谓学制改革后，"海归"学者亦可获举人进士头衔，其中有海外大学医科毕业生；闿运特标以"牙科"者，则有意引人发噱也。）

杨夫子的那些荒唐事

湘潭杨度，身处末世，不赞同革命，从王闿运学"帝王术"，悍然逆天，为袁世凯谋帝制，"纵横计不就"，且受通缉，则求田问舍，逃于禅（自号虎禅师），逃于军阀（张宗昌），逃于黑社会（杜月笙），而终逃于共产党（介绍人潘汉年），实在是近代史一大奇人。大事不说了，说两件荒唐事。

当他初出山，临行向王老师请教"入世法"，闿运送他六个字："多见客，少说话。"这让人犯迷糊，多见客岂能少说话？他弟弟杨钧有解说，原来，少说话者，是少说"有边际"的话，少说"切厉害"的话，其他话不但可以，而且必须大说特说，不如此何能"高咏满江山"呢？

大约凭着"少说话而乱说话"的心法，杨度在北京很快与庆王奕劻搭上线。当武昌起义爆发，庆王担心皇室的未来，且问计于度，度云，革命党舍身奔走四方，不过为"富贵"二字，只要舍得烧钱，这事处理起来不麻烦。庆王问，多少合适，度以五指示之。没几天，带着五十万，杨度去了上海。在上海，介绍唐绍仪与黄兴见面，从中撮合清室优待条件，兼办各种应酬，花去十万，剩下四十万全入了杨度的户头。

赚腐朽没落统治阶级的钱，没什么好说的，只是一旦成了富家翁，便花天酒地，甚而哄抬物价，格调实在不高。天津名妓花云仙，"初为梁启超所狎"，包月千元，杨度一见倾心，"定情费万金焉"，启超知难而退，遂由杨度独占了花魁。只是，累计花了两万多，云仙犹不如意，要去上海白相，杨度不免微见吝色，云仙察其意，找来管家，大声说，那本三万元的存折，就拿给杨大人吧。得，散了吧。后来云仙嫁得好，杨度落魄，还曾找她借了三千元。再遇于京师，杨度还钱，奉上支票，云仙笑曰，何必搞得这么寒碜？接过支票，撕碎烧了。

杨度对云仙，是真爱。他其时已有一妾，妾曾向度母投诉，太夫人骂杨度不孝，禁止再与云仙往来。于是，杨度对朋友梁焕奎（湘潭富翁）说："我除不孝外无他法矣。"焕奎叹气，说，何苦抢此绿头巾？当时流行"气象学"，算命先生看人头顶，便知其人之穷通贵贱，杨度借此自嘲，云："我头不必看，唯有绿气耳。"

记录这些荒唐事的人，是杨度的同乡后进朱德裳（其实朱年长于杨一岁）。光绪二十九年（1903年），德裳赴日留学，开明湘绅在长沙席少保祠为学生饯行，特邀杨度演讲，德裳几乎将杨氏演讲内容全部听写在日记里，可见他对杨先生的景仰。而同一人在三十年后访闻记录偶像的劣迹，大概也因为当年的景仰。

父母违制　老公非礼

端王载漪（1856—1922）在近代史知名，大约是因为他在义和团战争期间的表现。前此，载漪协助慈禧太后镇压了戊戌政变，皆不满意于光绪皇帝，遂立了一个大阿哥，企图废掉皇帝，而载漪正是大阿哥的父亲。但是，包括各国外交官在内的中外政治力量大多反对，至有"君臣之分已定，中外之口难防"（两江总督刘坤一语）的严谏。对此，载漪大觉恼怒。恰逢其时，华北地区的拳民喊出"扶清灭洋"的口号，于是，载漪火上浇油，煽动风潮，欲借自下而上的力量推倒皇帝，竟然不仅引拳民入京，甚而亲率拳民入宫，说要查验"二毛子"，显有弑君之心。其后，力主杀掉反对利用义和团的五大臣，建议太后向万国宣战，终于搅得天下大乱，不可收拾。停战后，载漪被各国外交官认作鼓动暴乱的"祸首"，指名严惩，差点儿被砍头，后改流放新疆，卒于兰州。

当时有识见的中国人亦皆不以载漪为然，除了严正谴责，还会编派几句闲话。譬如黄浚（1891—1937），虽然后来做汉奸被枪决，但说他有见识，应无问题。就说，清代制度规定，凡在国丧（帝后之丧）百日内，皇亲国戚不许过性生活。然而过没过性生活，不便查验，只能从生子的人家找出犯规者，一旦倒推时日，发现"受胎适在丧期""则命名必加犬旁，暗示其父母有兽欲"。而爱新觉罗·载漪之漪字，即是父母违制后所得的耻辱标志。当然，载漪得名的原因，是否真如所述，黄浚并不能确定，姑妄听之可也(《花随人圣盦摭忆》)。

在皇室称国丧，在仕宦平民之家则是家丧，家丧期间禁止同房的规定也很严格，至有闹出人命的。

如袭侯李国杰（1881—1939），在光绪二十七年（1901年），连丁祖（李鸿章）、父（经述）之忧，其妻却在丧期有了身孕，李母治家甚严，国杰不敢禀告，只能央请夫人堕胎，夫人无奈，勉从其请，孰料竟因此发病而丧了命。

又如王照（1859—1933），是晚清著名政治反对派，也是近代汉语拼音化的吹鼓手。他与两个兄弟住在一起，某年丁忧，他的弟妇有了身孕，王照十分愤怒，大骂其弟不孝，禽兽不如，其弟自知理亏，不敢回嘴。不料过了一阵，王照的老婆也怀上了，其弟虽能保守"兄友弟恭"的古训，没有回骂他哥，但也常常怒形于色。王照每日活在兄弟讥讽的眼光中，恼羞成怒，竟然迁过于夫人，将她暴打了一通，而夫人没扛住，不久，亦竟因此发病而丧了命（《李宗侗自传》）。

父母违制，却给儿子安个坏名；老公非礼，却让老婆受苦受罪，以至于受死。孝道丧礼或有它的好处，但赏罚如此不公，未免让人怀疑"圣人制礼"的精意。

社交魔鬼

秦树声，河南固始人，神童，六岁就能全部背诵"四书五经"，二十六岁成进士，授工部主事，历仕至广东提学使。入民国，不仕，以学者终。

树声不善社交，开口就得罪人。民国第五任总统徐世昌，遍请在京各界贤达，"谦词求教"，来宾多说套话，言不及义。树声看不下去，说，我讲一句行不行？总统说："幸甚。"树声说了一句："公不做总统亦佳。"总统如何回复，不得其详，大概就是一些嘿嘿嘻嘻哈哈的拟声词。总统再请诸位欣赏苏轼的书法真迹，树声不瞧一眼，总统问怎么了，他反问："东坡知书乎？"最后，总统向来宾赠送诗集，大家纷纷说好诗，唯树声评曰，这事儿你不懂，少提（"公无能，毋语此"）。总统实在忍不住，反唇相讥，说，我这不行那不行，幸亏有一样还行，那就是做官比你行。堂堂总统被人骂到耍无赖，可怜。

不仅对高官贵人不客气，而且对任何人他都不客气。与人谈艺，他放地图炮，说："大江以南，无一个能提笔为文者，湘绮（王闿运号）可算半个。"江南历来为人文奥区，竟然被一棍横扫，而受表扬的当代文豪只算半个人，这还怎么交朋友？严以律人如此，再不宽以待己，简直没人性了。树声对自己的文艺水平是这么评价的："散文不俗不乱而已，骈文则突过六朝。"至于书法，则是"虞（世南）、褚（遂良）伏吾腕底"。对此，无可置评，只能默泪。

不过，他也不是十项全能。一日，与夏孙桐、缪荃孙饮酒，二人是词坛名宿，看不惯他高调，问："能以词赌酒乎？"作词是树声的弱项，固应答以"无能，毋语此"，大概喝高了，他竟说能——可见酒量也是弱项。夏、缪一听，高兴，定了几个题目，要求使用古人原韵，合乎格律，先成者胜。两位高手很快交卷，再看树声，呆坐席上，迟迟不动笔，最终交了白卷。于是，"大受谯讥，苦无辞以对"。然而，事儿还没完。次日天不亮，通宵创作而"形神惨淡"的树声，敲开夏宅的门，手持词笺，连说"请教正请教正"。孙桐"叹服"，云，"有一不能何害"，竟如此呕心沥血，不惜身体，以后谁敢逗你玩儿？

或以为这是名心作祟，那看看他在清朝做官是如何说话的。光绪末，他从工部外放为云南知府，临行须向帝后请训。这种场合，有问有答，讲几句套话就过去了。譬如，太后问你是否经常去署里办公，你答是，然后转入下一个问题，几分钟后就可以走人。树声不然。太后问："尔常到署中？"他的回答是："不常到。"那么太后就要追问为什么不去上班了，答曰："无事可办。"看来停不下来，太后再问，你这是个别情况呢，还是部中人员都这样，答："（部领导也）不常到署，皆无事可办。"

听到这个答案，太后必将质询军机大臣，军机处必将找来工部的尚书、侍郎，而尚、侍必能准备好一番说辞，发明"不常到署"的道理，驳斥"无事可办"的谣言。军机处经其勾兑，则回奏时必能将这番话说得更有水平，让老佛爷相信此事不过是小干部经验不丰富，认识不正确。而太后年事已高，不耐忽悠，终将点点头，忘了这茬，同时，军机处也将尽速办理树声的调任。如此不成熟的人士实在不适合留在"中央"。

自学而成的理工男

在传统中国，理工科专家被称为"畸人"。此语出自《庄子》，用今天的话说，就是怪人。正常人知道学而优则仕，一心只读圣贤书，功名利禄都向四书五经里去求，畸人却喜好研究数学，实验化学，设计机械，实在是"乖异人伦，不耦于俗"（成玄英疏）。绝大多数畸人因在科举事业以外的学问上浪抛心力，虽然"多能鄙事"，却不能取得好的考试成绩，无法进入"主流社会"。一旦有人，不仅成进士、点翰林，还能读夷书、精算学，自己动手做照相机，那可真是不世出的人物。吴嘉善就是这样的人。

吴嘉善（1820—1885），江西南丰人，咸丰二年（1852年）进士，第二年授翰林编修，仕至清国驻日斯巴尼亚国（西班牙）使馆参赞。至迟在翰林院期间，嘉善开始自学英文，口语虽未佳，阅读写作全无问题，还编了一部英华字典，曰《翻译小补》。嘉善从兄嘉宾，是曾国藩的同年，嘉善遂亦与曾家亲近，未来的外交家曾纪泽，与其弟纪鸿，学英文就用他编的这部教材。

存世的湘乡曾氏文献中有几十叶题纸，便是曾氏兄弟从吴老师学英文的证据。基本格式，如"做。to do。妥、度"；又如"坐。to sit。妥、西特"；此即"列西字，以华音译读"（纪泽语）。而有些条目，注音汉字的字义可与英语单词的本义相通，如"骗。cheat。欺特"，如 die 注作"歹"，hot 则是"火特"，此殆即所谓"中西合璧字"了（国藩语）。

学好英文，便于更好地掌握数理化知识。曾纪鸿能成为数学家，即与嘉善的熏陶、培养有关。而嘉善旅居长沙时，本土数学发烧友丁取忠对他佩服得五体投地，谓，"咸丰辛酉岁（1861年），与南丰吴子登（嘉善字）先生游，尽举生平疑义往返研究，先生不以予不敏，随笔剖示，文之成帙"。为表感谢，同治二年（1863年），取忠编辑出版了嘉善的论文集《算学初集十七种》，并在同治十一年（1872年）增订再版。

开始，嘉善在上海，与数学家李善兰、华蘅芳诸人论学甚相得，并在此期间"以新意造器，其巧思不减泰西"，又"学照影法"，教材用艾约瑟（Joseph Edkins）与李善兰编译的《光学图说》，并托艾约瑟帮忙海淘"照影镜"。

其后，嘉善游广东，遇科学家邹伯奇，一见如故，并开始制造各类光学仪器。有士大夫记录对嘉善的观感，云，"胼胝于泥涂中，仿西法制器，挥汗如雨，不辞劳瘁。以玉堂清品而甘下伍于工倕，实性情之不可解者"。然而，六年后，当嘉善向他展示自制显微镜，看到苍蝇翅膀在镜中"大如橘叶"，而"最奇者，环翅茸毛一周，历历如梳齿耸列"，他又要由衷赞叹，比起古人锻炼视力，"贯虱须三年"，才能"视之大如车轮"，显微镜则是"顷刻可见，其用心之奇巧如此"。不觉而成了科学的粉丝。

可比古人黄天霸

杨金龙（1844—1906），字镜岩，湖南邵阳人。家贫，十九岁入湘军，隶左宗棠部，转战福建、陕西、甘肃、新疆、中国台湾等地，积功升至江南陆路提督。自光绪二十六年（1900年），调任南京，统领督标各营，节制各处炮台事务，为两江总督刘坤一"倚为长城"。

1900年是近代史的关键年份。北方有义和团战争，西太后仗着"师弟师兄保大清"，向万国宣战，结果八国联军攻入北京，帝后逃往西安。帝都以外，多省督抚接受李鸿章、刘坤一与张之洞的倡议，保护在华外人，严惩仇外暴民，是所谓"东南互保"。

东南互保之前，清廷曾有密旨，命各省督抚"诛灭教会中西首领"。刘坤一不遵乱命，对这道诏书秘而不宣。而钦命统领义和团大臣、协办大学士刚毅，早知封疆大吏并非人人与中央保持一致，不见得会执行这道命令，故以个人名义，给各省三观相同的官员写信，希望他们督促地方长官执行圣旨，必要时可以主动出击，毋庸理会主管领导。

杨金龙也收到了刚毅的私信。刚毅嘱咐他"驻师吴淞，专击列国兵舰商船及各教堂"，金龙大以为然，闻命即行。但是，刘坤一早有"严檄"，命通省部队"保护外人，违者以军法从事"。金龙率部前往上海，准备"剿夷"，坤一收到线报，大怒，立时派出一位亲信军官，拿着令箭，去金龙军中宣命禁止。临行，坤一对特派员说："杨金龙不遵令，可持其头来。"

金龙爱国，但更爱头，接令，立即遵命回防。回到南京，还是想不通，或又为了向朝中奥援解释自己何以不能完成任务，金龙给刚毅复信，说："刘坤一身任封疆，不保国而保外人，真汉奸也。"刚毅闻讯，尽管沮丧，但还是被金龙这番话感动，持书遍示友人，朋友圈纷纷点赞，皆以为金龙真是疾风劲草，乱世忠臣。

刚毅赏识金龙，早非一日。西太后曾命刚毅保举将帅，刚毅说："江南武员，唯有杨金龙，可称古之名将。"西太后甚感兴趣，问能比何人，刚毅答曰："可比古人黄天霸。"竟然误认当时流行戏曲的主角为古代名将，柄国大臣，不学如此，令人慨叹。不过，西太后不以为忤，还呵呵了两声，以示怜爱。（按，李鸿章亦尝称手下大将王得胜为"余之黄天霸"。然李为少年翰林出身，此说显系谑称，非刚毅认真露怯可比。）

一篇小说引发的绯色事件

有一部民国七年的小说，题为《潇湘梦初编》，作者署名湘州女史，共十四回。略谓，浙江女士戴礼，自幼立志不嫁人，及长，精研礼学，创办女校，才名远播。一夜，忽然做梦，竟嫁给郭立山为妻，女士"为之不悦久之"。孰料郭立山并非梦郎，而真有其人。他是湖南湘阴人，名宦郭嵩焘的族侄。立山仰慕女士已久，丧妻后，请人赴浙求亲。女士在遂初志与安天命之间纠缠良久，终于决定顺命，乃嫁入郭家。然而，女士入门，发现立山沉湎赌博，且与寡嫂有染，而缔姻的初衷亦非爱慕自己的才华，竟是贪图戴氏的家产。不多久，郭氏弟兄以谋夺家产不果，将女士与所产幼女逐出家门。

小说到这里就结束了。既题初编，想来应有续编，或是作者挖坑不填，或已完稿而未刊。不过，虽曰小说，却是真人真事；唯记载多歧，请择其可信者以为质言。

戴礼（1880—1935），字圣仪，浙江玉环人。先后从学于学者章梫与诗人陈衍，曾任教于北京女子师范学校。郭立山（1870—1927），字仁甫，号复初，嵩焘族侄，光绪二十九年（1903年）进士，三十三年（1907年）授翰林编修，历任湖南中路师范学堂监督、京师大学堂预备科国文教习。看履历，可知二位皆是吾国教育界的先驱。

关于郭、戴缔婚，普通的记载，是这样写的：

戴礼秉性正一，不染妇女婀娜态度，性格刚强，举止豪放，谈吐尤健，平素家居，常喜策马驰骋。辛亥革命后，湖南郭立山慕其才名，浼章梫求婚，不远千里至玉环，就赘于戴家。婚后，礼与丈夫同往北京居住，并生有一女（陈书钊《戴礼女史事略》，载《玉环文史资料》第3辑，1987年）。

稍为文艺的记载，由清末著名御史赵炳麟撰写，云：

> 湘阴郭复初编修立山，精通礼学，善古今文，清退政后，守志不仕。有浙江玉环戴女士礼，亦感世道之日非，尝为诗云，何处容身女仲连；慕复初之为人，因章编修梫为媒介嫁之。女士自撰联云：北阙挂冠，愿结丝萝钦令节；西山偕隐，终餐薇蕨相孤忠。（《柏岩感旧诗话》卷二）

普通版本说凤求凰，文艺版本则谓女追男。世人俱知，到底是何种次序，对于婚后生活各方处于何种地位，实有重要关系。幸好有陈衍版，可以判断。他说："（戴礼）年三十尚未适人，值前清革命，遂自命亡国遗民，必欲得一旧官僚而不事民国者而后嫁之。"（《石遗室诗话》卷二十八）

陈衍是戴礼的老师，所述戴女士"必欲得一旧官僚而不事民国者而后嫁之"的心事，当属可信。那么，前揭小说的梦境，反映的正是戴女士这份心事，梦郎不必是郭立山，也可以是颜立山或梅立山，只要符合胜国遗民的条件即可。而郭立山先求婚，还是被求婚，也不再重要，因为他早具梦郎之身，又是新鳏，只待缘分到了，必能与江南才女在一起。兼之立山与章梫是好友，章梫是戴礼的老师，知道女弟子的凤愿，于是，联姻指数更要大幅提高。

然而重点在于天作之合为何决裂。陈衍另写了一个加强版，读之或能了然。他说，郭之于戴，固然慕其才，而亦爱其财（"耳礼名，又耳其家素封"），以此，才不远千里请媒人说合。戴之于郭，则误信其为"官人端人也",一说即准。新人相见,男则"须鬓半白",女则"躯干若伟丈夫",可能都有点儿失望。更令郭立山失望的则是,婚礼当夜,"遽询"新娘,奁田到底有几亩,新娘竟称欠奉。于是,既无奁田,再称赘婿,已无体统,只得勉强携妇回湘。抵家,郭立山心情大坏,"欲去之久矣"。终有一日,挑剔细故,谓戴礼不该邮寄所撰《大戴记集注》的校勘记,立山嗾使兄侄,对戴女士"拳脚交下",打完,再扔到大门外。戴礼不能容于夫家,又无颜回娘家,"伶仃流转入都,充女校教授"。对此,陈衍评曰"强暴",并说:"立山,余识之,貌为朴诚,不谓其披猖至此也(《石遗室文三集·戴扬家传》)。"

所述若是事实,郭立山真是禽兽不如。不过,《戴礼女史事略》所记不同:

> 不久,郭立山因轻信旁人之毁谤和挑拨,竟然弃家潜走,因此有中道仳离之不幸事故。礼遭遗弃后,承姻戚马通伯荐充北京女子师范学校教员。后闻郭立山之母在湖南老家病故,礼乃披麻戴孝赴长沙奔丧,不意被郭立山拒之大门之外,万般无奈,只得卸下孝服,对天焚烧,不胜愤懑,携幼女南归蒲田。未几,幼女夭折,伤心穷愁,乃专心致志著书。

从常情论,戴女士被郭先生从浙江带到湖南,再从湖南赶去北京,确实骇人听闻。而若双方皆在北京,郭先生逃回湖南,及至郭母逝世,戴女士赴湘奔丧,郭家闭门不纳,无奈再回北京,则正常多了。只是事实不尽符合常情,真相如何呢?

幸有郭立山的学生胡先骕,撰《京师大学堂师友记》,提到了这事。他回忆大学堂的名师,第一位写到的就是郭立山,谓郭老师是个大胖子,"著名之桐城文家也",每上大课,总拿肚子顶住讲台一角,娓娓道来,令人印象深刻。只是口才不佳,又操"湘乡土音"(按,立山为湘阴土著,似非湘乡音),虽以苏辙的文章为范文,"而言辞实不能发挥之",听课学生并不能受益。而批改作文是郭老师的强项,当然,也太过强项了。最恨"矜才使气"

的作文——拟于今日，或可以所谓"文化大散文"当之——见则痛加删削，"数百言之文，能存百十字则大幸矣"。近代文学名家，《江左十年目睹记》作者姚锡钧，当时也在班上，"为文极豪放，下笔千言不休"，只是得分从来不过三十，同学"每为之扼腕焉"。胡先骕最后提到老师的婚事，云："先生继娶女经学家戴礼女士，以细故反目，竟至涉讼公庭，可称怨偶矣。然戴女士仍盛称先生之文，谓彼须数十句始能说明之事，先生十余言即敷陈详尽，自愧勿如云。其敬佩之情，有不能自已者。陈石遗先生在《石遗室诗话》中，为左袒戴女士而丑诋先生，殊不足尽信也。"

显然，胡先骕在京，既见过郭立山，也见过戴礼，而对陈衍版"郭戴婚变"也明确表示不可信，并提供了郭戴闹上法庭的新信息。不过，谁敢定论他人的家事？因为，也有人认为篇首提到的小说，作者就是戴礼。若然，后边这些引文，实在是太幼稚了。虽然，鄙人仍不敢信从小说家言，只为佳偶转作怨偶而叹息。于此特做小清新，非欲恣意描画古人，只是希望人间的"西山偕隐"，能多一对，便多一对。

可怜谢道韫

名士风采

秋瑾嫁王廷钧,琴瑟不谐,论者多批评丈夫,赞扬妻子。而据近年易惠莉教授的研究,秋对王不满意,甚至破口大骂,主要原因有两条,一是怪老公不争气,没能考取科举,一是为留学日本筹措学费,王家不肯出钱。

廷钧比妻子小两岁,"体清腴,面皙白""状貌如妇人女子",转不如瑾之"伉爽若须眉"。京师大学堂教习服部宇之吉,其妻繁子,对廷钧的印象是:"白脸皮,很少相,一看就是那种可怜巴巴、温顺的青年。"(按,当时廷钧二十五岁,捐了小京官,而繁子大概不知道这对夫妇是"姐弟恋",故称王"很少相",唯"可怜巴巴"四字,窃谓传神。)同时,与瑾初见,令繁子印象尤为深刻,记云:"蓬松的黑发梳成西洋式发型,蓝色的鸭舌帽盖住了半只耳朵,蓝色的旧西服穿在身上很不合体,袖头长得几乎盖住了她那白嫩的手。手中提一根细手杖,肥大的裤管下面露出茶色的皮鞋,胸前系着一条绿色的领带。脸色白得发青,大眼睛,高鼻梁,薄嘴唇。身材苗条,好一个潇洒的青年。"

其时为光绪三十年(1904年),瑾二十八岁。时人对瑾在外的举止,则谓"青布之袍，略无脂粉"，上街打车，"跨车辕坐，与车夫并，手一卷书"，而一般妇女坐车，都是"垂帘深坐"，故"市人睹之怪诧"，而瑾不以为意，殆"在女士则名士派耳"。

至于廷钧的学习情况，其戚云："读书善悟，不耐吟诵。作文写大意，不喜锤炼。不临摹碑帖而书法秀丽。"即谓廷钧聪明有余，不能沉潜，兼以出身富家（王氏在湘潭开办当铺），不必考虑生计问题，缺乏做苦功的动力，如此而欲有成，实在很难。以故，"两应童子试，一赴乡闱不与选，遂弃帖括"。秋瑾赋诗，有"可怜谢道韫，不嫁鲍参军"之句，托词咏古，其实在慨叹所嫁非偶。

妻为"名士派"，夫为"纯谨士"，古人或觉不适，今人未必然，甚至可以矜为时尚。不过，廷钧"幼年失学，前途绝望，此为女士最痛心之事"。瑾未来虽做了革命家，也曾有过夫婿封侯的理想，这很正常。及至对丈夫"绝望""伤心"，发誓独立，而有"漫云女子不英雄""红颜谁说不封侯"的念头，也很正常。

只是，未来因银钱问题，夫妇不和，瑾与兄书，至云："读书之人，虽无十分才干者，当亦无此十分不良也。"将科举不利与品行不良混为一谈，以此痛责其夫，纯系一面之词，就不是很正常了。

女侠 Style

国人称秋瑾为女侠，美国人则有称她为长恩亚克者。（按，其女王灿芝将侠母事迹译为英文，美国朋友读后以为这就是中国的 Joan of Arc，即圣女贞德也。）

秋瑾的侠气，不仅在社会上屡有展示，载诸国史，即在家中，亦偶尔流露。其侄王蕴琏撰《回忆婶母秋瑾》，云："听我母亲说，秋瑾婶母曾问她家娘要钱，家娘不理她，秋瑾婶母就把刀子向桌上一砸，扬言要杀一人。她家娘家爷见她这样凶猛，就要管家拿了四千元给她。"（按，家娘家爷，湘语，即婆婆与公公。）这回向夫家要钱，是为了筹措去日本留学的经费，时在光绪二十九年（1903年）。拿到钱后，先去北京，闻"戊戌余党王照入狱，家属正筹资捞人"，女侠与王照素昧平生，仍从学费中拿出一部分给了王家，并请中间人不要透露自己的姓名。

光绪三十一年（1905年）春，秋瑾回国省亲，夏间仍再赴日。为了旅费与学费，不得已，变卖首饰（珠冠与珠花）。然而王廷钧不同意，于是，有了女侠在家书中怒骂其夫的事情。

秋瑾云："子芳（廷钧字）之人，行为禽兽之不若。人之无良，莫此为甚。即妹之珠帽及珠花亦为彼篡取。妹此等景况，尚思截取此银及物，是欲绝我命也。"并誓言："妹得有寸进，则不使彼之姓加我姓上。如无寸进，不能自食，则必以一讼取此儿女家财，不成则死之而已。"（按，瑾初至京，与人相见，自我介绍皆曰"王秋瑾"，现在发了脾气，则曰倘能自立，将"不使彼之姓加我姓上"。）然而二人终未离婚，廷钧且于瑾罹难之次年逝世，虽不知廷钧之死的真相，但说他全不关心思念亡妻，恐非事实。

老公讨厌，夫家也讨厌，只是，抱怨夫家，还有一个比较曲折的理由，因为夫家有富名，导致她难以举债。瑾云："无彼家之富名，妹于筹款之事，尚可借他人帮助。旁人闻彼富有，反疑妹为装穷，故无一援手者。"没办法，最后向娘家求助，"母固深爱其女"，然而家产早已荡尽，"为勉筹数百金付之"。

不过，荡尽家产，秋瑾有责任。光绪二十八年（1902年），其父逝世，固应由其兄扶柩回浙安葬，瑾却突发奇想，说动廷钧，提出嫁妆，与其兄合资，于次年在湘潭开办和济钱庄。然而，兄妹都不是商业好手，开业不到一年，即告倒闭，而秋家亦告破产。

如果忽略秋瑾家书的情绪化用词，只问事实，可知廷钧并没有特别对不住她的地方，反而曾在婚后支持妻子创业。女侠为国家与民族操心太重，其志固可嘉，而小小一个县级富户，实在承受不住这种折腾，这或许才是家庭矛盾的症结。

扇你一巴掌（一）

尝闻湖南双峰县一位朋友演讲，谓十年前世界妇女大会评选"中国百年八大女杰"，双峰占了四位，为秋瑾、唐群英、向警予与蔡畅，号称中国女杰之乡。（按，四人并非全是籍隶双峰，蔡是双峰县人，而秋是外省人，唐、向是外县人，殆因都嫁了双峰人，遂以双峰媳妇名义纳入范畴。）争夺名人归属，虽嫌夸张，可以理解，毕竟都是中国人。较诸之前安徽蚌端口（位于今蚌埠）第一中学在电子屏大书"热烈祝贺我校女婿荣获2014年诺贝尔化学奖"要正常多了。

四位女杰中，秋瑾名气大，向警予与蔡畅皆曾主持中国共产党的妇女工作，唐群英（1871—1937）年辈最高，不仅比向、蔡大一辈，更是曾国藩的堂弟媳（国藩谱名传豫，群英之夫传纲，都是传字辈）。她革命资历也最老，是第一位同盟会女会员。群英一生为伸张女权而奋斗，是民国时争取男女平权的女英雄，而最著名的事迹可能要数她打了宋教仁的耳光。

民国元年（1912年）八月二十五日，下午两点，同盟会联合诸党，改称国民党，在北京湖广会馆开成立大会。这本应是一个团结的大会、胜利的大会，却被群英搅了局。

前此，群英组建中华民国女子参政同盟会，极力主张在宪法中写入男女平权条款，谓《临时约法》第二章第五条既曰"中华民国人民一律平等"，复曰"无种族、阶级、宗教之区别"。那就是说，民国当时仍存在种族、阶级与宗教的不平等，须经立法铲除，然而，男女不平等亦属事实，为何不写进宪法？以此，群英向临时大总统孙中山上书，向各省都督打电报，并向参议院上书，要求约法第五条，或请删去"无种族、阶级、宗教之区别"一语，以为将来解释上捐除障碍，或即请于"种族、阶级、宗教"之间添入"男女"二字，以昭平允。二者唯择其一，"以重法律，以申女权"。然而，从南京到北京，过了几个月，此事毫无进展。原谓议员守旧，党员前卫，乃寄望于国民党在参议院力争，将男女平权写入宪法。哪知道，国民党的党纲竟也删除了男女平权的条文。于是，深感绝望的群英率同志大闹会场。

当日，她走上主席台质问代理理事长宋教仁，说，党纲删除男女平等一款，"实为蔑视女界"，你应代表国民党"向女界道歉，并于政纲中加入男女平权内容"。教仁沉默不语。群英大呼："我湖南出此朽货。"随即冲过去，一手揪住教仁的头发，另一手"左右批其颊"。林森上前劝架，不及出声，立时也被甩了一记耳光。"全场大骇"，乱作一团，直至三点钟，孙文到会演讲，才渐渐平息。

挨耳光对教仁来说，已有经验。十三日，国民党筹备委员选举会上，即因党纲条款问题，女子参政同盟会会员沈佩贞痛斥教仁"甘心卖党"，会员王昌国则一边骂他"丧心病狂"，一边抽他。

明日，教仁言及此事，连说"晦气"，朋友则曰"此后宜大加提防"，因为"妇人打嘴巴，大不利市"；即此可见歧视妇女之一斑。难道挨了男人的嘴巴就不晦气吗？其实此事不过是党内实行民主而至于打骂，或辱斯文，却无伤大雅。

扇你一巴掌（二）

民国元年（1912年），唐群英在稠人广坐之下扇宋教仁的耳光，影响长远，尤其在女界。十二年后，湖南女界联合会在长沙复陶女校举办恢复成立大会，公推群英为会议主席，会中，即有代表演说，云："以后如有再轻视女子蹂躏女权者，当效唐群英先生的法子来打一打，看他们怕不怕。"

这种气话当不得真，若当真，就是女权运动之弊了。若谓男性压迫女性，则所以压迫者，不过男性更具暴力而已；而女性反以暴力挑战男权，不论角力是否能胜，从根本而言，以暴易暴，不正好走上自己反对的那条路吗？当然，宋教仁默不作声，为政治交易挨个嘴巴，却是好事，借此能提醒世人，男女平权尚未实现，应该实现。自此而言，教仁倒是一个合格的女权主义者，群英对之不免有愧色矣。

遗憾的是，第二年，群英回到湖南，又展示了一回暴力。

二月十六日，《长沙日报》刊登一则启事，曰："郑师道唐群英同启。道、英在京，因道义感情，成婚姻之爱，已凭族友一再订盟于便宜坊。［民国元年（1912年）］十二月四号，结婚于天津日本白屋旅馆。为国步艰难，故俭礼从事。今偕来湘省，拟重证花烛，以乐慈帏。"

师道，浙江人，曾任国会议员，今为湖南盐政委员。据当时各报的深度调查报道，可知师道与群英确为恋爱关系，不仅先已在天津白屋旅馆"合欢"，即在长沙，二人在金台宾馆同居，也有目击者。群英之夫与女已前卒，她是单身，且奉女权为主义，不必遵循守寡表贞的旧道德，与师道"成婚姻之爱"，完全没有问题。然而群英在长沙与母兄同居，二人守旧，坚决不同意群英别嫁，遂有启事所谓"因误会而生家人之变动"，其母且以死相迫，群英不得不放弃这段感情。无奈师道用情太深，不得解脱，乃铤而走险，登报结婚。

孰料启事一出，全城大哗。虽入民国，长沙主流社会仍保有前清的价值观，以寡妇再醮为不道德，纷纷攻击群英，以至恶声闻于"慈帏"。既然不敢违抗母命，群英不得已，须与师道切割。只是，她的危机公关术，却是砸报馆。当晚八时，群英宣言报馆"有意污蔑唐君，摧残女界"，率三十余人，取下门面招牌，将排字房"尽行捣碎"，并谓倘不更正道歉，则将"三枪了之"：一枪干掉郑师道，一枪干掉文斐（报馆总经理），再以一枪自杀。

报馆因此停刊半个月，仍不得解，遂将群英告上法庭，并请赔偿损失九千余元。开庭时，群英托病不至，法官判令被告必须"亲行到案"，否则缺席裁判。私下里，法官对群英藐视法庭十分不满，竟曰："吾愿以百五十元一月之厅长，与唐群英一战。"最终，督军谭延闿知道了这事。他拨公款二千元给报社，以为补偿，又嘱法庭销案，才平息了这场风波。

显然，砸报社是不对的，狠揍一通情商不够的未婚夫，倒是可以考虑。

汪兆铭的明媚与深沉（一）

清末刑部大牢，分为普监与官监。普监"阴湿凶秽"，不似人间，官监则"无异大逆旅"，居然宾馆。官监又有"四美具"之称，意谓收押的犯人，文官、武将、名士与美人，四科皆备（分别指王之春、苏元春、沈荩与赛金花）。然至汪兆铭（精卫）入狱，则新增革命党一科，可以画一幅"五美图"了。

汪兆铭以暗杀摄政王载沣未遂入狱，这是中国近代史上的一桩大事。若依载沣之意，应判他死刑立即执行，然而肃亲王善耆读了他的供词，大为感动，乃向载沣陈词，力主从轻治罪。因为清廷当时预备立宪，不论"和缓人心"还是"羁縻党人"，皆宜"做释怨之举，博宽大之名"。载沣从之，遂有兆铭永远监禁之谕。善耆读过兆铭的供词，还不过瘾，非要识其人，于是，在宣统二年（1910年）三月二十日，定刑之后，收监之前，亲至内城巡警厅的看守所，与兆铭打一个照面。

一见面，善耆就讲俏皮话，缓和气氛，说："汝二人亦久违矣。今特为汝等介绍，有什么话，尽管随便谈谈。"兆铭的同案犯黄复生，也参加了这次会面。不过，未待汪、黄开口"随便谈谈"，善耆已经自顾自往下讲了，他说："此次之事，王爷（按，谓摄政王）甚震怒。我与之力争，我说冤仇宜解不宜结，革命党岂止汪黄两人乎？即使来一个捕一个，但是冤冤相报，何时是已？如今已争到徒刑，但是在有期无期间，我还要为汝等争也。"王爷竟然向囚犯表功，兆铭固不怕死，可能也要蒙一会儿。

正蒙然间，善耆又说："我生平最爱读《民报》，出一期我读一期。我当时曾说过《天讨》所插的画，我说民党内有如此的人才，可以言革命矣。"这不是泛泛的寒暄，而是来自忠实读者的褒扬。《民报》为同盟会机关报，《天讨》是《民报》的增刊，所讨者自然是大清。所谓插画，作者是苏曼殊，内容则是太平天国翼王石达开的夜啸图。以此为题材，居心不问可知，而善耆不但不以为忤，更要加一句，说图文并茂，水平很高，可见同盟会人才济济，如此，则"可以言革命矣"。难道被革命者也是革命同情者？兆铭纵然英敏过人，一时间也没能理解这句话，只能听肃王继续说下去。

善耆至此话锋一转，问："不过《民报》所标的三民主义，我犹稍嫌狭隘了一点儿。我想，将来不但五族大同，即世界亦将有大同的时候，不悉我这种主张，你们二位以为如何？"此语似是论道，但言外之意却要取消当下革命的正当性。因为倘若认同世界大同为终极目标，则目前追求实现三民主义之革命，似乎不再是国族困境的唯一解决方案，亦非当务之急，完全可以搁置，而应转与政府合作，将国际国内问题混为一谈，别寻所谓世界大同的新道路。简言之，革命党认为国内一切问题皆应集矢于政府，这位代表却说政府只是更大问题的一部分，根治之法不在于解决政府，而在于解决全球的危机。

自善耆入座，兆铭终于说了第一句话："兆铭和复生的主张，已在《民报》上披露。今天王爷所说，我等向来尚无此种观念，不能作答。"这个回答，既诚实又得体。在革命党高层，兆铭的传统学问是最好的，对早已写入儒家经典的大同之说，他不感陌生，也无意反对，绝不能因为这话是善耆说出来就因人废言。然而，善耆今天说世界大同，目的却在于降低革命的重要性，来者不善，则又绝不能因为这话合乎传统甚而合乎时代潮流而因噎废食。以此，他以"不能作答"为答，殆即今日俗语所谓温和而坚定也。

善耆设问，已见聪明，而听到兆铭如此回答，他的反应则能见出智慧。

他竖起大拇指，说："到此生死关头，尚能坚持自己的宗旨，真是令人佩服。"若揣度他的心意，则固然佩服兆铭的勇气，而自己也早知道清廷统治不合时宜，如今苟延残喘而已，自此，屠刀已经不能吓唬人，即委曲求全，说一些装门面的话，再如何善辩，也不足以打消天下革命党的雄心。

此后，善耆不再谈军国大事，而与汪、黄唠家常，并妥善安排二位革命党的狱中生活，至云："我这面惜无房舍安顿二位，刑部监系未改良的，恐待遇有不周之处，都向我这面看看。如须阅何书报，尽可写信来，我当照办。"（按，汪、黄入刑部狱，皆"得享小屋"，巡警厅司法处佥事顾鳌提供自家的"幞被衣服"给他们穿用，并可长期阅读新闻纸，直至辛亥起义才禁止，可谓备受优待，实皆善耆践行诺言，有以致之也。）

当然，善耆终究不会站在革命党一边，他只是看清楚了"革命有理，造反无罪"的局势而已。前述他因为读了兆铭的供词才发愿"饶汝不死"，我们也来看一看，思致文笔应如何动人，才能让惯于斩削头颅的人按住铡刀。

三月十五日，兆铭自被捕后再次受审，作供词洋洋数千言，当得起"理直气壮"四个字。

首先，他力辩没有同党，举事者只有他一个人。当然，黄复生在另一处受审，也是这么说的。审讯官虽不形颜色，读这两份供词，想来心里也要说一声佩服。

其次，他不为过往的言论辩护，只说："前在东京留学时，曾为《民报》主笔，生平宗旨皆发之于《民报》，可不多言。"（按，《民报》重要社论大皆为兆铭所撰，读者稍一浏览，即知他所谓"生平宗旨"，只有"排满革命"四字，而在清代，此即大逆不道之罪，必须砍头。）

然后，他借答问的机会，将以前写作的重要题目，向审讯官，同时也想向全中国，做一回简明扼要的介绍。毕竟《民报》在日本出版，国内流传不广。临死不忘宣传"平生宗旨"，绝不妥协，此殆孟子所谓浩然之气也。

兆铭作供，恍若一篇时评。

譬如，如何看待预备立宪。时论或谓"今中国已立宪矣，何犹思革命而不已",兆铭驳曰:"为此言者,以为中国已有长治久安之本,而不知其危在旦夕也。"

从各国成功立宪的经验来看,未经革命,则不能立宪,"所以然者,以专制之权力积之既久,为国家权力发动之根本,非摧去强权,无由收除旧布新之效故也"。民主立宪如法国如此,号称君主立宪如英国亦如此,"法学者谓英国之国体虽同君主,而以其政治而论,实为民主政治,非虚语也"。然而国人惯以东邻为师,说日本是"最重君权之国",立宪之后,既不限制君权,又能伸张民权,实在是好办法。兆铭则以为,日本宪法固然看似比英、德更维护君权,然就事实而言,维新以前,幕府有权,天皇虚位,经过倒幕之役,则"国事皆处决于倒幕党之手",天皇不过拱默受其成而已,"是故日本之宪法,以法文而言,大权总揽于君主,而以历史而言,则其国家权力发达之根本,固已一易而非其故矣""大权固不在君主也"。

而且,英国为当代宪政之母,德国有地方自治的传统,日本经历了废藩倒幕的大变动,此皆中国所无者。而中国所有的,是数千年的专制传统,于今为烈。不过,时移世换,朝廷发现维持专制独裁的难度越来越大,于是动了歪脑筋,倡言立宪,要用宪法来巩固君权。但是,"各国之立宪,其精神在于限制君权,而此所言立宪,其宗旨在于巩固君权。然则吾侪谓如此立宪,不过为君主权力之保障,为政府之护符"。试问,这样的立宪,要它何用?

又如,如何看待速开国会。时论或谓"当国会已开,则民权日已发达,故为政治革命计,为以速开国会为唯一之手段"。兆铭则说:"为此言者,可谓惑之甚也。"因为立宪若不能真正限制君权,解除专制,则国会实际代表的还是皇帝,而非人民,试问,"如是之国会,而欲其能与政府争权界以为人民之代表,庸有望乎"?接下来,他又举例,证明权力来源若无更变,"而贸贸然开国会以生息于君主大权之下者",只会得到三种结局。一是"国会为君主之傀儡",如土耳其;一是"国会为君主之鱼肉",如俄罗斯;一是"国会为君主之鹰犬",如安南。(按,越南古名)他不禁要反问并谴责,谓"请愿（速开国会）诸人，其果有乐于是乎？醉虚名而忘实祸，其罪实通于天也"。

正因为不信任清廷主持的预备立宪，更不敢寄望于与清廷关系密近的人呼吁速开国会，他总结陈词，才说："革命诸人以为欲达民主之目的，舍与政府死战之外，实无他法。"当然，他说应与政府死战，是强调革命党不怕牺牲，而非暗示革命之后杀敌方全家。因为如果清廷真心愿意为国家的利益而放弃专制权力，"如其立宪，则无论为君主国体，为民主国体，皆不能不以国民平等为原则"，是则满汉一体平等，同受法律管制，并无人身安全的隐忧。至于清廷，只是失去独裁与专制的权力，相较于历代鼎革之际皇室的遭遇，如"愿汝生生世世勿生帝王家""汝奈何生我家"之类，灭门之前发出的这等哀号，两相权衡，"其利害相去当如何"呢？

汪兆铭的明媚与深沉（二）

汪兆铭借受审的机会，反驳了所谓主流舆论对革命党的责难，意犹未尽，他还主动分析革命成功会不会削弱国力，从而引致列强瓜分的风险。他认为至今中国未被瓜分，只是"各国平均势力之结果而已"，并非中国有什么"自全之道"，一旦均势打破，则或瓜分，或侵略，或保全，皆受人主宰，丝毫不能自主。积弱如此，再不思以革命立宪强国，则要走上"一亡而不可复存，一弱而不可复强"的道路。至于企图靠联美联俄这样的路子，保全发展，则"非于国家权力发动之根本上有大变革"，俱属奢谈，因为"有两强国同盟者，而决无以强国与弱国同盟者"，此系常识，不可违也。

以上简要介绍了兆铭的供词，如果读者有心，会发现一个新问题，那就是，他这些话对清廷说有用吗？不待智者而决之一点儿用都没有。哪有赤手空拳请皇帝离开宝座而能成功的？国史上没有，万国史上也没有。兆铭是智者，也是强者，六年前就剪掉了辫子，如今还要暗杀摄政王，怎么会相信对牛弹琴能有效果。然而他毕竟说了这么多，究竟要说给谁听？可以想象，全国人民是他的目标听众，但是，这番有理有据而且煽动性特强的话，清廷至愚，也知道不该放出来请民众鉴赏。事实亦如此，及至民国建立，才由前清司法大臣绍昌披露了这份供词。

不过，他这些话，其实早就说过，所谓"生平宗旨皆发之于《民报》"。看看他任主笔所撰重要社论的题目，如《民族的国民》《驳革命可以召瓜分说》《满洲立宪与国民革命》《驳革命可以生内乱说》《革命之决心》，即知所述与供词无大差别。只是，他当年写这些文章，主要是为了批驳康有为与梁启超，并非向清廷喊话。供词所谓"诘者或曰，今中国已立宪矣，何犹思革命而不已""论者又曰，故为政治革命计，为以速开国会为唯一之手段"，又谓"以为今已预备立宪，凡内治外交诸问题皆可借以解决，醉其名而不务其实，如相饮以狂药""其罪实通于天也"，云云。这些被他树起来批驳的靶子，其实都是康、梁一路人。当时，梁启超主笔《新民丛报》，主张保皇改良，兆铭主笔《民报》，呼吁革命，双方在日本展开舆论大战。启超以"新民体"闻名于世，是在早期为《新民丛报》撰文时博得的盛誉，然而，在日本与兆铭恶斗，平心而论，无论逻辑文笔与情感，启超皆要败下阵来。

说来，梁启超与汪兆铭都是清廷的敌人，都受通缉，何以不结成同盟，非要"自相残杀"？有一个很现实的原因，那就是兆铭文章固然写得更有道理，事后论文更觉得他这一派更加正确，无奈受众的数量却不如启超。受众少，则政治基本盘不大，基本盘不大，则不论举行起义还是募集经费，都得不到支持，往往以失败告终。

光绪三十四年（1908年），兆铭受孙文之命赴荷属文岛筹款，不但华侨解囊者少，从国内逃亡而来的革命同志也渐渐失去信心，"颇怀不满"，最终大受排挤，无功而返。同时，老同志如章炳麟、陶成章，另立光复会，造作谣言，攻击革命党，既减损了同盟会的声望，也削弱了同情者的支持。当此内忧外患交并之时，据其妻陈璧君云，兆铭"虑无以对慷慨输将（按，谓捐款）之同志"，乃秘密组织暗杀团，"谋于清廷根本之地，为非常之举，以振奋天下之人心"。

然而，兆铭潜入国内，临行作书留别孙文，说自己这次去搞暗杀，"目的在于破敌，而非在于靖内变也，所以靖内变之道，亦不外于此"，语虽委婉，却可见当时同盟会高层已经认识到，内变比外敌更可怕，更难应付。所谓内变，一为章陶叛立，一为筹款艰难，而之所以如此，皆因同盟会行动无效果（多次起义失败），文章得罪人（以革命论调与康、梁论战自然吓跑不少观众），道路越走越窄，前途越来越渺茫。兆铭痛定思痛，得出结论，当前僵局甚至败局，已"非口舌所以弥缝，非手段所以挽回，要在吾辈努力为事实之进行，则灰心者复归于热，怀疑者复归于信"。那么，超乎舆论公关与政治手腕的实际行动，除了去北京干一票，几乎没有其他选择。

兆铭以前是反对暗杀的，甚至连留日学生罢课回国这类行为都嫌激烈，今则不但为革命正名，还要为革命献身，可见局面糟糕到了什么地步。然而，他对暗杀是否成功没有把握，即能成功，他对效果如何也有疑虑。弱者使用暴力，虽有正当要求，亦更容易被舆论视为恐怖分子，此系革命时期的常态，兆铭早已了然。但是，计无所出，除了暗杀。暗杀若能惹出动静，小则令天下不满于清廷的人注意同盟会，乐于捐助；大则一击即中，引发连锁反应，幸成翻天覆地之功。

然而，除了要在主流舆论场为自己的组织提高"曝光率"，汪兆铭铤而走险刺杀摄政王，还有一种微妙的用意。

比外部效应更让兆铭关心的是内部团结问题。他在写给南洋同志的遗书里说：

> 弟不敏，先同志而死，不获共尝将来之艰难，此诚所深自愧恧者。望诸同志于已死者勿宽其责备，而于生者则务于团结，以厚集其力。惟相信然后能相爱，惟相爱而后能相助。毋惑于谗言，毋被离间于群小，毋以形迹偶疏而睽其感情，毋以行事过秘而疑其心术。盖有此四者，往往使团结为之疏懈，凡诸党派所不能免，而秘密性质之革命党则尤不能免。

遗书中的"四毋"，堪称血泪教训，非坐言起行者不能道其委曲。凡是起而反抗暴政的人，不畏死是第一义，然而也仅是一义而已。始于不自由，终于毋宁死，又不过徒死而已。每当胶着之时，往往会有沉雄果毅的烈士，挺身而出，视死如归，担起打开局面的重任，而烈士与同志告别，又往往用后死为难的说辞，勉励同志。兆铭此书，前半段也只能用这个俗套。然而，他作此书，究竟不是煽情，亦非措意于一己之死生，而在谆谆叮嘱同志，此行不论成功与否，只有一个目的，就是借此凝聚组织的士气，希望同志不要在内外交困之时，受不住各种压力，未能免于猜疑，以致所在社团土崩瓦解，无裨于国事。此书也在警告同志，若再不停止内讧，或不免于身死名裂为天下笑的惨剧。

这段话富有感情，却又十分冷静，他试图以一己之绝望，唤起同志之希望，乃至国人之希望。

宣统元年（1909年），暗杀团同志拟在汉口狙击途经此处的清廷大员端方，错过机会，遂将炸药托孙武保管。两年后，孙武用这批火药研制炸弹，不幸误炸，仓促间催发武昌首义。真是冥冥中似有安排。

有趣的是，兆铭十七岁时写过迎景诗，云："天淡云霞自明媚，林空岩壑更深沉。"虽只是写景，却更像他个人性情的写照。对国家的弊端、本社的症结，乃至民众的阴暗心理，他极为了解。然而，他又能牺牲自己去换得他人的幸福，虽终未能安邦定国，甚至成了汉奸，仅就这段历史而言，仍是令人唏嘘。

多活了一百零五天

叶德辉，湘潭人，祖籍江苏吴县。光绪十八年（1892年）进士，授吏部主事，旋即返湘，此后，终身不仕。他是著名学者，也是对湖南近代政治颇有影响的人物。民国十六年（1927年）四月十一日，他被湖南审判土豪劣绅特别法庭——国共合作期间由国民党湖南省党部授权成立——判处死刑，终年六十四岁。近八十年来，德辉之死——尤其是死因及死状，人言人殊，迄无定论。谨撰小文，略叙其事。

金天羽是德辉的"忘年交"，称赞叶氏"学宗汉宋，奄有扬雄、贾逵、辕固、杨伦（俱汉儒）及王应麟、刘敞、杨慎、焦竑（俱宋、明学者）之美"，推崇备至（《叶奂彬先生六十寿言》）；德辉为金氏《天放楼诗集》作序，则谓其诗"格调近高（适）、岑（参），骨气兼李（白）、杜（甫），卑者不失为遗山（元好问）、道园（虞集）"，揄扬已极。此固不免"米汤大全"之讥，然二人惺惺相知，可见一斑。但是，金撰《叶奂彬先生传》，却说当时共产党的"党魁郭某"（疑指郭亮），在稠人广众中令德辉下跪服罪，其实"无意杀之"，而德辉"奋然曰""头可断，膝不可得而屈"；遂"慷慨就死"。金氏不在现场，乃道听途说，加以想象，竟写出一幕《红岩》的场景，可笑复可叹也。

实则德辉受刑之经过，业已经其子叶尚农披露于《辽东诗坛》杂志第二十四号。据云：四月八日黄昏，德辉被捕，押送长沙县署。四月十一日，由县署转送特别法庭，于下午三点"提讯一次"；四时，即押往浏阳门外识字岭枪决，"身受两枪，一中头部，一中心部"（转引自王雨霖《〈辽东诗坛〉所载叶德辉死事》）。此案审理与执行或嫌仓促，但绝无金氏臆想的"慷慨"。

死状如此，死因如何？周作人于1950年撰《叶德辉案》，谓袁世凯称帝时，德辉在民间征发少女，拟送入宫中，旋即帝制取消，无所用其"女官"。孰料德辉先将这些少女"用过了"，方令遣送回家。十年后，某女参加革命，做了"干部"，乃将叶氏"劣迹"报告党部，由组织出面行了公道。朱健撰《叶德辉之死》（1997年），则谓德辉写对联讽刺当时的湖南农民协会为"六畜满堂""一班杂种"，触彼之怒，"自己找死"。二说流传甚广，然毫无根据，俱不可信。

吾友任继甫关心乡邦掌故，遍检群书，终于发现了真相。是年四月十四日，汉口《民国日报》刊载特别法庭审判书，谓德辉一贯"仇视革新派"，是戊戌政变时"惨杀革命人物"的幕后黑手；洪宪帝制期间，则赞成帝制，"促成袁世凯称帝"；此后勾结北洋军阀，阻挠"北伐"；同时，又是"省城著名反动派领袖"及"著名土豪劣绅"。依照《湖南省审判土豪劣绅暂行条例》，凡"反抗革命或阻挠革命"及"反抗本党或阻挠本党及本党所领导之民众运动者"，俱"处死刑"（载《湖南革命历史档汇集》）。于是，德辉被认定"情节重大，罪无可逭"，立即"绑赴刑场，执行死刑"。

然近日鄙人读《易礼容纪念集》，于叶案又有一个算学上的小发现。是年三月二十五日，湖南农协委员长易礼容在《湖南民报》发表讲稿《农民问题》，他说："'有土皆豪，无绅不劣'这首对联，何等精当！"又说，"一般土豪劣绅的地位，简直是从农协成立之日起，就宣布了死刑"。考虑到他在叶案中的身份——特别法庭五委员之一——吾人不妨顺着他喊一句口号："叶德辉的地位，简直是从农协成立之日起，就宣布了死刑。"农协成立于民国十五年（1926年）十二月二十八日，屈指一算，德辉竟多活了一百零五天，虽同驹隙，亦不幸之幸矣。

张荫麟的幸与不幸

或曰，20世纪中国新史学的开山大匠，是两个广东人，一为新会梁启超，一为东莞张荫麟（许冠三《新史学九十年》卷一）。或曰，20世纪20年代清华文科才子以钱钟书、张荫麟为翘楚，曾有"北秀南能"的品题（钱钟书《槐聚诗存·伤张荫麟》自注）。然而，数十年后，梁、钱之名播在人口，知与不知，皆要唤他一声"国学大师"，荫麟之姓字却浸久无闻，生平行事固少人知，学问才情亦无人表彰。

张荫麟生于清光绪三十一年（1905年），卒于民国三十一年（1942年），享年仅三十七岁。其名不彰，以其命短？不然。短命而享大名者，前有李贺（二十七岁卒），"诗鬼"之光炳耀千年；同时有徐志摩（三十四岁卒），"情圣"形象至今深入人心。难道诗人天生具有名誉优势，史家入行便已注定身后萧条？是又不然。陈寅恪是史家，尝赋"共谈学术惊河汉"之句，对荫麟揄扬甚至。陈氏著作之专门难读远甚于荫麟，且生平不作通俗文字，而今日学界内外人士谈及陈氏无不眉飞色舞，闻荫麟之名，则或茫然。又如钱穆，亦是史家，尝谓"中国新史学之大业"，当由荫麟完成；然钱氏之名历久弥彰，荫麟湮没如故。或又有说，谓荫麟不善交际，生前身后无人为之"炒作"？然按诸事实，我们却发现荫麟知交遍及文、史、哲三界，除了前述诸人，犹有吴宓、王芸生、吴晗、贺麟、冯友兰、熊十力等人，或师或友，生前互相切磋，死后皆作诗文悼念，登诸报刊，历历可考。那么，到底是什么原因，导致显晦判然如是？窃谓原因有二：其一，荫麟一生著述，以论文为主，除了一部《中国史纲》(为高中生而作之教材，且叙事仅至东汉)，别无专著，以此，虽生前师友对他赞许有加，后世学者却不便对其人其学进行深入研讨，更谈不上发扬光大。其二，因教龄太短（合计不过六年），转校频繁（十年内先后在三校四地任教），故荫麟之门人弟子数量既不多，所受熏陶提携亦嫌不够，以此，虽日后不无成就，然对荫麟铭恩致谢之程度、力度，必较其他授业师为薄。后者似更重要。鄙人所见张氏弟子追忆师门之作，不过李埏、徐规、管佩韦、张效乾四人而已，衡诸他氏弟子以其师从教（或诞辰）若干周年为名，大开研讨会，大编论文专刊乃至出版"全集""画传"的盛大规模，自是黯然失色。以是，荫麟之默默无闻不亦宜乎？

但是，荫麟终教人难忘。今年初夏，一本后人编选的荫麟文集——《素痴集》（素痴为荫麟自号，编者误以为笔名），便作为对他百年诞辰的纪念，应时面世。荫麟以史学名家，《素痴集》所选文章却以书（文）评及政论为主。编者之意，盖以其重要论文业已辑入《张荫麟文集》(教育科学出版社，1993年；另有台湾九思版，1977年)，其唯一专著《中国史纲》亦经辽教、上古、商务三社先后再版，故扬长避短，大力搜罗荫麟发表在《大公报》上的文章，并截取前列二书中"明白晓畅之片段"，合编成集。对于不是专业历史的读者来说，此书不失为初步了解荫麟的好途径。

荫麟写了一系列对话体文章，讨论国民党治下的中国是否需要"革命"、"革命"之时机与形式等问题。对于被统治者，他说："革命诚然少不了暴动，正如瓜熟之免不了蒂落。蒂落固是突然的，骤然的，但瓜熟却不是突然的，骤然的。同样，暴动固是突然的，骤然的，但革命的成功却不是突然的，骤然的。在瓜的生长里只看见蒂落的人不配种瓜，在革命里只看见暴动的人不配谈革命。"对于统治者，则云："当你领导人们走过在你看见是进步的路时，你们也许已走入了退步的路；当你领导着人们走在你看见是兴邦的路时，你们也许已走入了亡国的路。（第77—78页）"理性的史家，立言固应如此，然自当事双方看来，则左派朋友必目之为"落伍"，右派政客必斥之为"赤化"。或鉴及此，荫麟总结梁启超"在政论上的悲剧"，乃谓："他对于流血的恐怖和瓜分的危惧，使他不得不反革命。他的一点儿悯世心，使他无法容忍现实政治的黑暗。他万分好意地劝革命党偃旗息鼓，结果言者谆谆，听者藐藐。他万分好意地劝政府彻底改革，结果言者谆谆，听者藐藐……他说的话，不独对于原来的目的全不济事，而且使他受着左右夹攻。（第46页）"因人喻己，以今况昔，不啻夫子自道。

荫麟毕业于"留美预科"之清华，在美国学哲学，归国即为名校教授，正所谓"清华学派"中人；派中大佬对鲁迅这种"匪徒""文丐"似无好感，荫麟却要作一篇《〈南腔北调集〉颂》，称赞鲁迅是"当今国内最富于人性的文人（第80页）"。荫麟论政，服膺"费边式的社会主义"（其友哲学家贺麟语），偏于改良、渐进；丁玲其时以"左"倾激进闻名，民国二十二年（1933年），误传被捕杀，荫麟当即作文痛悼，竟流露赞成暴力革命之意："世有欲借口舌笔墨之力以感格凶顽、转移运会者乎？其亦可以休矣！其亦可以醒矣！（第89页）"

前后对照，他对政治的态度似自相矛盾。然前者论事，后者论人，论事的理性与对人的温情，正相辉映。

然而，荫麟对人，并不总抱有温情。书中《所谓"中国女作家"》一文，对以冰心为代表的"立于女子之传统的地位而著作"的"女士"们极尽嘲讽之能事，说她们不过是前代袁枚"女弟子"之流亚（即同一类的人），"言作家而特标女子，而必冠以作者之照相""作品署名之下必缀以'女士'二字"，而所书写者，莫非"毫无艺术意味之 sentimental rubbish"（按，直译为"感性垃圾"，参考王蒙译法，则不妨译作"酸馒头渣"），以中学生作文标准衡量，"至多不过值七十分左右"（第84—85页）。他人作何观感且不论，鄙见与之同调，抚卷不禁莞尔。

较此挖苦文章更精彩的，则是学术评论的攻错之作。他指出郑振铎文学史研究中"使人喷饭之处",讥其缺乏"常识"(第95页)。他批评郭绍虞食"洋"不化,牵强附会(第97页)。胡适撰《白话文学史》(上册),时称名著,荫麟却能举证确凿,指出定义混乱、去取多由主观的毛病(第99—107页)。郭沫若译歌德长诗《浮士德》,急于脱稿,匆促从事,遂致"谬误荒唐、令人发噱之处,几于无页无之",荫麟择要纠正,有力打击了"伪劣"出版物。

但是,荫麟并非今日惯见的"酷评"家,他固不喜欢一味地唱赞歌,亦不轻易因作者的疏漏而抹杀全书的功劳。他虽批评《白话文学史》诸种不善,却仍敏感地看出此书具有方法、取材及考证的优点;他虽对郭沫若的德文水平深致不满,却盛赞《中国古代社会研究》能够"拿人类学上的结论做工具去爬梳古史的材料""建设中国古代社会演化的历程",实在是一项"重大贡献"。此外,对顾颉刚"疑古"学说"误用默证"的方法论错误、冯友兰《中国哲学史》中的史实错误,他都提出过严厉而中肯的批评。顾氏无以自解,终未回应;冯氏覆书致谢,有则改之。

荫麟尝表明自己对专业书评的态度:"一个批评者对一部书有所纠绳,这并不就表示他对于这书的鄙薄。(第223页)"这固然是个人的信条,但也需要时代风气的培陶,以及被批评者的雅量(或曰服善之勇)。荫麟十七岁时指出梁启超的考证错误,启超引为忘年交,称之为"天才";冯友兰在他死后,曾集资、主持设立"张荫麟奖学金";顾颉刚于荫麟死后撰《当代中国史学》,赞扬其在通史、宋史领域大有建树。若非他生活的那个时代确具几分开明的特性,若非那些学人确具服善之勇,这些故事只怕都不会发生。

吴晗有感于亡友身后寂寞,曾说,即算荫麟不死,"再多受些磨折、考验、洗炼,恐怕他还是得死,不过死法不同,不是死于穷病而已"。很不幸,一语成谶,二十年后,吴晗未"死于穷病",而死于"文革"。然则,荫麟之早夭固为不幸,较诸吴晗之暴毙,抑又为幸耶?

革命中的传媒话术

辛亥革命武昌首义之日,有一个人,在自家晒台上,"遥瞩对江""彻夜未眠"。他看见了火光,听到了炮声,知道革命已经开始,然而,"不知孰胜孰负,中心乃大震,齿不期而相击,默中呼天不已。渐乃肺叶大动,遍身起栗,如入冰窖,始忆及早寒侵入。扪衣袖,已为凉露湿透"。诗人云:"如此星辰非昨夜,为谁风露立中宵。"这位仁兄对革命的关切态度,不让多情小儿女。他是谁?

他是胡石庵(1879—1926)。石庵名人杰,湖北天门人。1900年参加自立军起义,1904年谋刺铁良未遂被捕,1906年响应萍浏醴起义,此后在汉口从事新闻业,鼓吹革命。

石庵知道革命成功,已是十日中午。其时,正酣睡,被人推醒,睁眼一看,是工程营朱同志,不待问状,朱同志眉眼皆春,大声说:"武昌已得手矣。"石庵闻言,"心中之乐,至于不可形容"。可他突然意识到,革命进行得如火如荼,小朱作为军人何能擅离职守?这一问,问得朱同志恻然泪下,说:我是独子,前几天家慈来汉口看我,今若听闻我参与"造反",岂不"惊怖至死"?"我宁失国民之价值,绝不忍令老母恐怖死客地"。以此,决定送母回乡,回头再来革命。石庵长叹,说:移孝作忠,确是难事;随又掏出五元钱赠朱同志，说，速去速回，"仍不失为汉家儿也"。

革命后的武昌城"别成一世界"。起义士兵"袖缠白巾，威风抖擞，四处搜杀，然遇汉人则欢呼同胞，绝不伤害"。据统计，是日宾阳门、蛇山一役，革命军死伤二十余人，而旗兵被杀则在五百人以上。双方减员比例如此，可想而知，革命军未能免乎滥杀。现代民族国家建立，多以暴力革命而成，当其时也，国人相杀，血山骨海，代价十分惨痛，闻者无不伤心。中华民国之肇造，相较而言，血腥味不那么浓，然若具体而微地检讨，革命暴力仍在一段时间内弥漫于神州。唯稍慰人意者，当日的革命党人，不乏实时省悟并呼吁国人勿为泰甚者。石庵即是一证。

直到十七日，"四处搜杀满人"的行为仍在继续。不仅杀旗兵，杀满洲男子，即使老妪少女也不放过。例如，清吏宝英之家被抄，一门被杀，其女哭道："我等固无罪，但恨先人虐待诸君耳。"然革命军不为所动，照杀不误。石庵听了这个故事，"惨然良久，大不为然"，当即投书中华民国鄂军政府参谋部，云："吾辈当知革命宗旨在光复，不在报复。若黄童白叟，幼妇老妪，必尽举而膏斧钺，则是残忍酷惨不亚满人入关之行。匪独伤天地之和，令外人知之亦足生种界之恶感。"窃谓石庵"旨在光复，不在报复"八个字，与孟子所说"以至仁伐至不仁，而何其血之流杵也"，精神一脉相承；与法国革命家罗伯斯庇尔所说"用革命的恐怖对付反革命的恐怖"，境界后来居上。至于担心因滥杀而引致在鄂外国人生发"恶感"，尤为有见。

或谓，弱国无外交，窃谓不确。其实，弱国不仅有外交，且仅有外交。当革命爆发，不论清廷与革命党，在内战胜负之外，最萦怀抱的就是外国人如何反应。革命军攻下武昌，不缺钱，统计所得藩库、铜币局、官钱局各款，约四千万元，应付战事绰有余裕。革命军缺的，是一个外交保证，即各国不对革命进行军事干涉。这正是石庵担心因革命军滥杀旗人而见恶于外国的根本原因。革命军对此并不隔膜，经与外交界协商，驻汉口各国领事于十八日发表联合声明，谓，"查国际公法，无论何国政府与其国民开战，该国内法管辖之事，其驻在该国之外国人无干涉权"，并承认"民军为交战团，各国严守中立"。

但是，一纸确认"交战团"地位的声明并不能真正善后。善后之事，略分文武二端。武，须尽力抵挡清廷南下大军；文，则以安民（汉口为国际商会，中外人民俱须安抚）、传信为要。军政府向民众发布告示，辅以革命军维持治安，粗可安民。而向他省及首都传播革命成功的消息，则非媒体不办。显然，办一张报纸为当务之急。然而，军政府要办的事千头万绪，仓促何能及此？

十二日午后，石庵在汉口三马头碰到两个素识的英国人，问他："武昌之变，究竟为何等性质？我国领署，皆接有贵督瑞澂（原湖广总督，时已逃亡）照会，谓武昌系土匪勾结营兵肇乱，意在劫夺钱财，与政治绝无关系，不日即可荡平云。"这一问，含意甚深。一则清方首先通知外国，在"话语权"上占了先机；一则革命若被误会为暴动，则根本得不到外国的同情。石庵立即正色回答："此谰语也。武昌此次实系革命军起义，决无二义。余于内容皆深悉。"石庵批评清方言论为"谰语"没错，说革命军不是暴动而是起义也没错，但说"深悉"革命情状则略有托大。因为前此他不知道革命何时爆发，不知军政府何以推举黎元洪为都督，现在他亦未与军政府取得直接联系，何谈"深悉"？外国友人或虑及此，乃向他追问："既若此，胡三日来皆闭城自固，绝无文明之公布？我欧洲累次革命，皆不若此隐秘。"武昌既被占领，革命军即严密封锁，禁止民众随便出入，此虽出于军事考虑，然无"文明之公布"，终令人有"隐秘"之憾。筹备革命自当"隐秘"，革命发动即当昭告天下，此系常识，石庵自然理会得。可他确实不知道军政府为何"闭城自固，绝无文明之公布"。但石庵不愧为有急智的报人，他眉头都没皱一下，应声曰："君误矣。武昌日来尚有满人抵抗，战争未熄，故无暇及他。今日全城已告光复，转瞬即将有正式之公告宣布中外。以余所闻，一二日内完全之机关报亦将出现。公等但拭目待之可也。"这一天晚些时候，都督黎元洪确实对外发布了革命成功的公告，但在对话时，石庵并不知道。这算歪打正着。至于说一两天内军政府会办一份"机关报"，则不仅他不知道，连军政府也不知道。外国朋友闻言十分激动，惊叹："此言信乎？组织乃若斯完全乎？"事已至此，石庵不得不再次确认，说："至确至确。不出三日，即有报纸出现。此事余必其不误。"

于是，辛亥革命爆发后站在中华民国立场发言的第一份报纸——《大汉报》诞生了。当石庵与外国朋友谈话时已是中午一点钟，而至下午五点钟，《大汉报》将于十五日出版的预告已经贴到汉阳街头。十四日晨，即有民众赴歆生路余庆里（石庵住所，亦报社办公室）询问明日是否真能出报，石庵曰："然。"民众当即付款预订。来询者络绎不绝，"迨晚愈众，几有破门之势"。当晚，石庵"遂从事编辑"。今语云采编一体化，石庵则采编一人化，自谓"自社文（今曰社论）起至于各种新闻，乃悉出余一人之手，亦可笑也"。依石庵之意，出报主要为了释外人之疑，能卖数千份已不得了，孰料一日之内，竟售出两万份。尤令人开怀的是，读报后专程来报社"称贺"的外国朋友有二百人之多，"入门皆脱帽呼'恭喜革命'"，乃如过年一般喜庆。盛情如是，石庵不敢辜负读者，思"一人之力万不济"，遂于三日内，邀得报界同人襄助，计主笔一名、经理一名、采访（今曰记者）六名，组成稍称完备的编辑部，方令《大汉报》实现可持续发展。明日，军政府特将《大汉报》社设为"汉口秘密机关"，授权发布官方新闻。

脸谱·光绪

光绪为何着急？

据北京市公安局法医检验鉴定中心的验尸报告，光绪皇帝是被砒霜毒死的，不过，早在中毒之前，他已是待死之身。今天都说戊戌变法、百日维新，而在慈禧太后看来，这哪里是什么变法维新，根本就是政变。既为政变，必是你死我活的结局。戊戌是1898年，光绪卒于1908年，算起来，向太后贷了十年的命，赚了。

或有一说，谓戊戌若称政变，是因为袁世凯向慈禧告密，揭露了维新党围攻圆明园、活捉西太后的阴谋。至今，真相大白，袁世凯不曾告密，光绪也没想过对大姨妈下毒手（光绪之母为慈禧之妹）。然而，慈禧目光如炬，发现侄皇帝借变法为词，欲设懋勤殿，引用新人，撇开老臣，在总理衙门与军机处以外另辟一条立法行政的通道。企图架空太后，那不就是皇帝搞政变吗？定了性，事情就好办了，姜是老的辣，慈禧随以霹雳手段摧毁"帝党"，众所周知，毋庸赘述。

值得一提的是，慈禧虽搞政变，却不是一个反对改良的人。即以坚定的帝党分子王照的话为证，他说："外人或误会为慈禧反对变法，其实慈禧但知权力，绝无政见，纯为家务之争。"史事亦可为证，我们对照戊戌变法与"晚清新政"（慈禧主持）的项目，可知后者尺度之大，远为前者所不及。同一人也，反对装饰的小改，却赞成身心的大变，说不过去的。再看王照的评论："以余个人之见，若奉之以主张变法之名，使得公然出头，则皇上之志可由屈而为伸，久而顽固大臣皆无能为也。"

要说慈禧客观误国主观卖国，她的存在就是为了替叶赫部落复仇，颠覆大清，别说王照不信，余小子也不信。至于"绝无政见"，是说她对现代政治有隔膜，不接受宪政民主，反对新闻自由；而司法独立，在清代固为常态，唯所据之法亟须修订而已，故知此非慈禧要抵制的事物。那么，帝党若能有话好好说，若能不急于全面否定太后，而是拉拢她做改革的盟军，局面未必令人心碎。然而，激烈如康有为，激情如谭嗣同，激进如张荫桓，激凸如文廷式（共友人之妻，无愧于凸），团团围住光绪，有激之下，使他不得不接受"扶此抑彼之策，以那拉氏为万不可造就"，而走上"另立中央"的道路，生生将改良演成政变。

前此，慈禧已还政于光绪，自己常住颐和园，对于军国大事，她尝指示，只有经皇帝认可的重要奏折，才拿给她看。如此做派，不啻鲜明表态：我老了，汝好自为之。戊戌这年，光绪二十八岁，慈禧六十五岁；不说慈禧业已首肯变法，退一步说，即算她阻拦变法，难道光绪不能等她挂了再行其志吗？十年后，慈禧确实挂了，更退一步，她再活二十年又如何，不都等两千多年了吗？

当然，光绪的感受，必非吾人设想的这么从容。其时，国步艰难，外则制于列强；人谋鼎沸，内则惑乎众议。康有为立保国之会，新闻纸有亡种之论，万端交集，一筹莫展，倘不刷新政治，改革制度，孰保其祚能再续十年？政变，或死；不变，必死。等死耳，不若以政变死，尚有荣光。这也是一解。

顾再思之，其实无解。悲剧。

载湉的最后一日

载湉被宣告死亡，在 1908 年 11 月 14 日，至于到底是在宣告当时死亡还是此前已经翘了辫子，大家都说不清。先不管这些，咱们就当他死在这一刻。兹应吾友之请，写一段文字，想象若能多活一天，载湉会干些什么事儿。名义上，载湉是光绪皇帝，实际上，光绪一朝三十四年，真正话事的则是慈禧太后。很巧，慈禧死于 1908 年 11 月 15 日下午 2 点，那么，如果载湉能多活一天，就从这一刻算起。

尽管是想象文字，也得用通常逻辑搭个叙事框架，就是说，清代皇帝登基后，优先办理哪些事情？列祖列宗是怎么做的，载湉也会有样学样，这就是想象所用的通常逻辑。首先，新帝登基，应该隆重悼念先帝，一般做法是，上尊号，风光大葬，全国举哀，修订实录，刊刻御制文集，等等。不论在世时父子关系如何，这些事情都得做。譬如，嘉庆皇帝对乾隆皇帝"退而不休"，做太上皇任用"奸臣"，处处管着自己极为不满，好容易熬到乾隆挂了，怨气犹未消，但前述该做的事儿，一件不落，全做了。但这只是表面功夫，接下来的事，就不那么温良恭俭让了。顺治鞭尸多尔衮，康熙擒鳌拜，雍正杀隆科多、年羹尧，嘉庆诛和珅，道光疏远松筠，咸丰罢斥穆彰阿，以及载湉的干妈慈禧，在咸丰死后，与恭王联手，对"顾命八大臣"痛下杀手，这都是所谓"一朝天子一朝臣"原则的极端体现。

载沣多活一天,所做的事,不会出此范围。当然,慈禧太后毕竟不是皇帝,可以给她上尊号、办国丧,但不必为她修实录、刻文集。清朝有所谓"祖训",女人不许干政;慈禧是女人,不仅干政,甚至主政,然而为了维护祖训的严肃性,修订官方档案,还是尽量不说这类事为好。不过,慈禧毕竟在同治、光绪两朝实行了垂帘听政,天下周知,完全忽略也不行。怎么说,说多少,分寸不好拿捏,幸好,有内阁、有军机处、有翰林院,这是他们的分内事,不用皇帝过度操心,只要拿出一个指导性意见,诸臣自会搞定。

载沣将如何评价慈禧?在家门内,他是慈禧的侄子(载沣的爸爸是慈禧老公的哥哥);在宫中,他是慈禧的儿子;论权力谱系,他是慈禧的继任者;自个人关系而言,他是慈禧的敌人——他的智囊团曾建议除掉慈禧,慈禧也曾动念废除他的帝位;而从政治理念来看,他们又是同路人,他们都有澄清政治、富国强兵的愿望,都有实现中华民族伟大复兴的愿望——这不是俏皮话,这是实情。时代局限性只会制约历史事件的呈现效果,而不足以抹杀历史人物的苦心孤诣;光绪称不上伟大的帝王,慈禧绝对是一流的政治家。那么,关系如此复杂,情绪如此纠结,载沣要简明扼要说明他对慈禧的观感,提出对慈禧进行历史评价的指导意见,他会怎么说?于此,前辈的教训可以派上用场。

嘉庆所修《高宗实录》,对其父乾隆的文治武功,赞不绝口。书中的乾隆,不论时势如何,形象都是那么伟大,思想都是那么光辉,决策都是那么正确。这像极了清末民初自由撰稿人许指严在一位满洲朋友家看的十六叶"秘戏图",各图女主角"丰䑋顾短""无一不备",而男主角却是同一位"伟丈夫",姿态有异,面目则一,据朋友相告,"此伟男即高宗圣容也"。但是,嘉庆发布应对白莲教肇乱的圣旨,却明明说道,此皆政治不修、官逼民反的恶果,而且,播种恶果,为时已久。也就是说,错不在本朝,错在"先帝"留下了一个烂摊子。若然,作为儿子的嘉庆,并不真的相信作为老子的乾隆是百分百的"伟男",并不真的认可有什么乾隆盛世——走过路过,不要错过，一旦错过，就是灾祸。这还叫什么盛世？只是，他运用高明的叙事策略，巧妙掩盖了他对父亲的愤懑。他说，肇乱祸胎虽在前朝，但是，怀胎的不是他爸爸，而是腐败低能的文武官员。于是，他顺理成章惩罚前朝旧臣，腾空了实施新政的地盘，为巩固专制打下基础——专制绝非天赋皇权，而要靠智勇双全、寸土必争的手段去争取。

这就是嘉庆给载湉的教训：对慈禧皇太后，一句坏话都不要讲。斯人已矣，鞭其尸、挫其骨、扬其灰，毫无价值、毫无意义，反而让人小瞧了自个儿，留下气量狭小的口实。正确的做法，应该是树立慈禧的高大形象，国势越危，越要树立。不如此，怎么有理由清除前朝遗留下来的"乱臣贼子"？皇太后那么英明伟大，国家却是这个样，不教所谓先朝老臣负责，难道罪在朕躬不成？于是，载湉名正言顺着手开展第二项工作，打击保守势力，推行政治改革——严格地说，应是继续推行由慈禧定调并已施行数年的"晚清新政"。读者有兴趣，略为比较百日维新与晚清新政的项目，即知后者改革的广度深度强度都远远超过前者。当然，推行新政，本意为加强统治，孰料加速了灭亡，这是历史的恶作剧，属于非可抗力，除了苦笑，别无解决方案。

尽管要推行的是制度改革，但是，传统中国有条原则，叫作"有治人，无治法"，就是说，没有合适的人，再好的法也是摆设；由合适的人主持，再坏的法也能结出善果。因此，欲行改制，先得换人。要换人，先点人头，看看当时的权力核心——军机处，由奕劻、载沣、世续、张之洞、鹿传霖与袁世凯组成。庆王奕劻，爱财如命，卖官鬻爵不可胜数，人送外号"老庆记"——以官为商，名副其实的"官商"。卖官不是什么新鲜事，载湉亦未能免俗，他的最爱——珍妃，就有这方面的不良记录。但是，像奕劻这种卖法，清代一人而已。那么，对奕劻，不妨采用历朝新帝登基驱杀前朝权臣以收杀鸡儆猴之效的手法，狠狠治他。醇王载沣，是载湉的亲兄弟，是个庸人，说不利索，写不清楚，不能为善，亦不足作恶，去留随意可也，日后汪兆铭去暗杀他，殊属无谓。世续，才不足以应变，一颗心却是红彤彤的，留下他，正可显示体恤忠臣的风范。张之洞，在载湉心中，不啻曾（国藩）、左（宗棠）再生，早就要重用他，格于形势，一直没有机会，今天，总算得偿所愿。当然，没必要让他做军机领班大臣，可以让世续挡在前面，而赋予他实际权力。在满汉矛盾愈演愈烈的时代，让世续领班，可以安慰满洲人在前数十年被逐渐边缘化的失望；以张之洞为实际办事人，庶几能令汉人稍减叛逆之志，更为疮痍满目的国家恢复一点儿生机，两全其美，上上之策。鹿传霖，在地方政绩上佳，对朝廷忠心耿耿，才略稍逊于张之洞，终究是不可或缺的高级领导人，必须留任。这几位的行藏用舍，皆易处置，最费斟酌的，就是袁世凯。

论才，袁世凯或高于张之洞，至少打个平手。论胆，袁世凯绝对高过张之洞，不然日后怎么敢做皇帝。今人论袁世凯，大多数必定认为载湉恨透了他，其实不然。从事实上讲，袁世凯压根没得罪过载湉。戊戌政变失败，害得载湉被软禁，都是袁世凯告密所致？否。袁世凯不愿出兵捕捉慈禧，耽误了历史进程？否。载湉从未想过哪天要将慈禧太后杀了，这都是康有为事前异想天开、事中乱说乱动、事后造谣蛊惑弄出来的假象（康有为甚至伪造光绪密诏）。翁同龢与载湉的关系，不用说，谊属师生，情同父子，但是，同龢沽名钓誉（以"清流"相标榜，不讲实际，徒恃意气，绝非合格政治家），公报私仇（对李鸿章即系如此），最终贻误大局（甲午战争失败，其人应较李鸿章负更大的责任），因此，载湉痛定思痛，至死不原谅同龢——同龢至死，载湉都不愿给他封个谥号。凭情而论，载湉对袁世凯，不应有太大的恶感，反而认为世凯是一员干吏，应该调动他的主观能动性，让他担负更大的责任，同时，命张之洞等老成之人从旁督导，未尝不能将一世枭雄调教为一代名臣。清代皇子自幼苦学勤练"帝王术"，学来何用？就是用来对付袁世凯这类枭雄的嘛。载湉对自己有信心，遂做出最后一个重要决定：袁世凯，继续在军机大臣上行走。

这就是想象的载湉的最后一日。当然，他顺手报了一个仇，将太监崔玉贵杖杀。因为，这小子太可恨，珍妃当日就是被他落井下石残忍杀害的。

第四卷

睁开双眼看世界，借人慧眼省自身

赫德,行走在广州

"细路仔"与"鬼佬"

咸丰八年(1858年)二月七日,是赫德(Robert Hart, 1835—1911)来到广州的第二天。早餐后,他漫步广州街头,忐忑不安,"生怕有个什么不怀好意的 fuh-kee(按,即粤语'伙计'之音译),会在我背后琢磨着要给我这个孤孤单单在他们的大街上游逛的 fan kuei(按,即粤语'番鬼'之音译)猛地来上一拳"。幸运的是,没有广州人冲上来攻击他这位"外宾"——除了一个"细路仔"突然对他叫了一声"鬼佬"。赫德观察到"近旁的年长的人们立即对细路仔投以责备的眼色",从而觉得,行走在广州还算安全。

赫德是英国海外殖民的代理人,也是为清廷尽心服务的"客卿"。自咸丰九年(1859年)任粤海关副税务司,至光绪三十四年(1908年)离任大清国海关总税务司,他为清廷理财达五十年之久。英国皇室表彰他在海外殖民的功勋,授予他从男爵(Baronet)的荣誉,清廷也因他在财政上的贡献,在其逝世后追封为太子太保。当他在广州街头行走生恐被人袭击,其时尚未在海关任职,而是以英国驻宁波领事馆的助理翻译身份,初来广州,冀望为自己的职场生涯开创一个新局面。

美国学者费正清（John Fairbanks，1907—1991）主持赫德日记的整理工作，他对赫德来广州以前的生活进行了敏感与可信的评论。他首先判断，赫德在年未弱冠时误交损友，"犯下一种堕落行为"，并因此"得了某种（惩罚性）疾病"。然后，当赫德在宁波，遵照彼时来华西人的"老规范"——"西方人在中国所过的高等生活的必备条件之一就是享有中国女人。这种女人实际上是一种会走路的商品，任何外国商人照例可以通过他的（中国）买办买来"——花钱买了一位姚氏女子（赫德日记称为"阿姚"），她为赫德生下二子一女。再后，赫德在广州抛弃了姚氏（分手费为一百二十五洋元），与另一位中国情人阿依（Ayi）结为露水夫妻。费正清认为，赫德虽然抛弃了姚氏，但是，仍可"推断，使他永远留在中国的不是别的，正是他和阿姚的一番经历；他一生成熟过程中很重要的一部分就发生在中国"。窃谓，费正清或许浪漫主义过了头，深受"才子佳人"的封建思想毒害，才如此下笔。因为，根据他整理的赫德日记，我们不难发现，赫德在广州所受"恐怖袭击"的经验以及他最终被任命为粤海关副税务司的事实，对于塑造他的人格更有效力。让我们检讨赫德在广州的经历，看一看来自北爱尔兰贝尔法斯特的少年是如何适应南中国的波谲云诡，以及如何通过这段经历趋于"成熟"。

译员赫德眼里的高官

广州被占领是确凿无疑的事实。然而，占领军一出广州，即有受到民兵攻击的危险。尽可能待在城里，才是明哲保身之道。由此而言，广州也是一座围城。

咸丰八年（1858年）二月六日，赫德进入围城。当晚，"广州总督"巴夏礼为他设宴接风。巴夏礼"身材中等，面容白皙而微微偏黄，淡黄色的头发，留着沙色柔润的小胡子，真是仪表堂堂""但是，他的鼻子和嘴部却使人感到他的行为有些神经质，而不具有一种决断的性格"。这是巴夏礼留给赫德的第一印象。

无疑,赫德的观察是准确的。巴夏礼极具办事能力,但性格暴躁,不时会做出一些失常的举动。譬如,与联军紧密合作的中方人员,除了柏贵、穆克德讷与蔡振武,就数怡和行的伍崇曜了,巴夏礼却在一次会议上狠狠抽了伍崇曜的耳光。这不仅令柏贵诸人有兔死狐悲之感,也让包括赫德在内的外邦人士深感遗憾。

随后,赫德见到了巡抚与将军。将军穆克德讷"是个大汉,身高几近六英尺,年约六十岁,胖得出奇,几乎无法站直"。"他之所以身居高位,似乎主要是由于他拥有这一副魁伟的身材,而不是其他什么德行","他是个最无关紧要的人物"。二月十八日,穆克德讷对联军两位司令官进行"礼节性拜访",会见完毕,赫德请他摄影留念,"鞑靼将军和他的扈从们看到照相机,似乎有些怀疑,但他还是勇敢地坐在那里,尽量做出庄重的样子"。

巡抚柏贵"自幼在首都生活,言谈举止皆合乎宫廷中的礼仪规范","为人精明强干,外貌坚强果断","一见而知,他在任何方面都比那位武职官员(穆克德讷)高超得多"。只是,在赫德看来,柏贵仍不够"精明",至少,他不擅说谎,偶一尝试,立即为人识破。

三月十五日下午,赫德作为柯露辉与马殿邦两位委员的翻译,随同拜访柏贵。柏贵提出,他想出城拜谒新到不久的钦差黄宗汉,越快越好。为了强调尽早会晤的重要性,柏贵透露了广东官场微妙而复杂的情形。布政使江国霖与按察使周起滨"与他为敌""对他毫不尊重,完全无视他现在是钦命署理广东巡抚",甚至番禺、南海两县的知县也不尊重他,未经请示,便擅离治所,去花县联络"乱党"——是的,柏贵此时不得不称义军为乱党。柏贵深恐这些人与钦差见了面,会说动钦差"参加反英与反柏贵集团",因此他不得不"棋先一着",尽快向钦差"陈情",希望能将钦差拉到"中外和好"阵营这一边来。

两位委员听他这么说,该怎么办?

侵华英军的法庭

侵略者固然可恶，然而他们依法治军，惩处在战争以外的时间侵犯平民的军官与士兵，让人印象深刻。当然，坚持这么做的是英国侵略者。至于法国人，以后再说。

四月六日，英军军事法庭开始审理三名皇家海军陆战队队员被控谋杀、抢劫与强奸未遂的案件。由一位中校出任法官，十一名军官充当陪审员，请随军警察所长担任检察官，还有一位军官被任命为军法官，并规定，必须为中国证人配备翻译，否则不能开庭。

第一天，先有英军士兵证明主嫌威尔福德在案发当日不在场。显然，作为译员的赫德不信这些证词，他更关心中国证人的表现。然而，令他感到"颇为好笑"的是，尽管出庭的两位中国证人确认威尔福德当时在场，并强调他眼部下方的伤疤是辨认凶嫌的主要特征，可是军医，一名中国人，却说案发以后嫌犯在军营与人斗殴，才有这个伤口，并经他处理伤势，而当检察官质询军医处理伤势是在哪一天，军医却又根本记不清是哪一天。

次日，上庭的全是中国证人，赫德译员累了个半死。最后出庭的是受害者唐志忠，他称自己在一周前被嫌犯殴劫，而在此之前与自此以后，都没见过威尔福德。于是，法庭找来四个英国人，与威尔福德站成一排，皆剃去胡须，请唐志忠辨认。法官问他，打你的人在不在现场。唐志忠说："有一个在这里。"法官说："把你的手放在他的肩膀上。"唐志忠"毫不犹豫地把他的手放在威尔福德的肩上"。

第三天，有个小插曲。充任陪审员的某位军官因病不能出庭，军事法庭特地给侵华英军指挥官写信，请示如何办理，两小时后收到回信，指定另一名后备军官宣誓，增补为陪审员。于是，再次开庭。

法庭命令三个嫌犯与另外八个英国人（二人留须，六人无须，增加一点儿辨识难度）站成一排，仍请受害者唐志忠指认。唐志忠首先再次"毫不犹豫地挑出了威尔福德"，然后细看了一下，指出另一名嫌犯，只是最终表示第三个人实在挑不出来了。

"我从未见到过比这更确凿而无可置疑的认证。法庭上每个人见到这种情景似乎都感到松了一口气：他们对过去几次认证时都没有指出威尔福德的那些中国人是否正直无私，是心存怀疑的。但是这一次，问题就一清二楚，毋庸置疑了。"——这是赫德当庭的观感。

当然，法庭做出判决还需要做更多工作，譬如委员重走一遍三名嫌犯当日所走的路，落实各项书证与物证，撰译有关案情的告示与信件，甚至与三人委员会发生冲突。巴夏礼指示赫德不要管法庭的闲事，而应将精力放在委员会的工作，法庭因此休庭，向联军最高指挥官投诉，并特派军官到赫德办公室，"命令"他出庭。巴夏礼闻讯大怒，说："谁有权来向我们的下属发号施令？"

当然，最终"广州总督"巴夏礼还是放手，让赫德去了法庭。万恶的侵略者也知道不能对抗法律。

"恐怖袭击"

英法联军占领了广州城，但是无法阻断城内外的交通，也不能有效盘查进出的人员，这让团勇有机会混进城，暗杀了一些外国人。

五月二十三日上午，四名法国水兵在永靖门（又称东便门）被数十名团勇围攻，逃走三名，剩下的一位被斩首分尸，扔在门外小河。闻讯，联军派出两支小分队赶到现场，将"附近企图逃跑的人"——枪决——看到荷枪实弹气势汹汹的"番鬼"，大概每一位围观群众都"企图逃跑"，而若不跑是否就能保证安全，也很难说，然而无论如何，真应对此负责的团勇应该早就走了。

事情还没完。次日，三人委员会派赫德找到蔡振武，通知他，联军决定向永靖门外居民科以四千元的罚款，并指定他负责收齐，在明日午后四点以前交到委员会。振武当场抗命,理由很充分:第一,联军攻城以来(甚至以前),富户早已逃走,留下来的都是穷人,根本凑不齐这笔巨款;第二,为搜捕凶手,法国水兵遇难地周遭的房屋,昨日已被拆毁不少,而且当场还杀了六十多人,这些人几乎都不过是看客而已;第三,振武不敢去收,去的话,肯定挨骂挨揍,甚至丧命。振武表达反对意见时,用了"欺人太甚"四字,赫德对此"颇感羞愧",只是感愧的原因不是认为联军的报复行为"太甚",而是"这样会使中国人把我们看得比他们本国的官员更贪婪,更见钱眼开"。显然,英国人一贯看不上法国人的立场,并不因为成立联军就有所改变,赫德亦未免俗。

"恐怖袭击"——中国人很难认同这个词,暂用侵略者的口吻——继续发生。二十七日,英军小队经过西郊,被七十余名团勇追杀,终于逃脱。六月三日,联军强征夫力拆除东郊民房,坚壁清野,预防团练攻城,突遭袭击,一个法国人与两个英国人被杀;夜里,一名英国商人与他的葡萄牙仆人失踪,几天后,在西郊十三浦发现两具无头尸。四日,巡逻队在西南门内遇袭,被霰弹枪击毙二人,伤七人。六日,一名英兵在城内被斩首分尸。八日,巡逻队在文明门附近遭遇路边炸弹;据事后勘探,应是团勇将点燃的香系在一根绳子上,绳子穿过炸药包,又越过一所房子的墙壁,穿过屋顶,屋顶布置了哨位,一旦敌军近前,则以"当当的异常的敲击声"为信号,另有人闻信便拉绳子,引发爆炸。

关于磕头的原罪解读

2010年，英国首相卡梅伦访华前夕，《金融时报》刊出范比（英国学者，著有企鹅版《中国现代史1850—2008》）写给首相的公开信，题为 *Court China, Mr. Cameron, but don't kow-tow*，意谓，首相不妨讨好中国，但不要奴颜婢膝。题中的kow-tow，是英语外来词，是汉语"磕头"的音译。一位英国历史学者用这个词提醒英国首相在对华外交方面要注意分寸，有深意焉。

中国人不会忘记鸦片战争，英国人也不会。kow-tow这个词，正是在鸦片战争时期成为英文词汇。虽曰鸦片战争，这一战是否真只为了鸦片，学界仍有争议。而在1840年，美国总统小亚当斯在麻省历史学会发表演讲却说，中国人要求外国人向他们的皇帝磕头，违背了"我们只对自然法则与上帝下跪"的原则，这种建立在"侮辱与贬低"基础上的"傲慢和不堪忍受"的外交，才是引起鸦片战争的唯一原因。小亚当斯不是史学家，说得不一定对。不过，他这么说，自有其时代背景：英国使团首次访华，关键词即是kow-tow。

1792年9月，马戛尔尼奉英王乔治三世之命，以补行祝贺清高宗弘历八旬圣诞的名义，出访中国。其时，英国即将崛起为世界第一强国，中国的

"康乾盛世"则渐近落幕。对于远来的使者，高宗认为，不必在意"夷礼"的贵贱，只要他们礼数到位——最重要的礼数就是下跪磕头——务必好好款待，以示"天朝柔远之道"。使团在国境内，政府每日拨款五千两做旅费，在京，每日拨款一千五百两做津贴；再没有比这更厚道的地主了。可他老人家不知道，使团出发的时候，英国国内竟有舆论建议：中英建交后，中国皇帝应向英国每年进贡一千万英镑，作为回报，英国将派出工程人员为中国维修长城，帮助抵挡"北方蛮族"的侵略，行有余力的话，还可让英国海军征服日本，将其并入中华的版图。

老大帝国固然不谙外情，大英帝国也不明白清朝是咋回事。谁是驴，谁是虎，都犯迷糊。不过，马戛尔尼来中国转了一圈，所闻所见让他明白了，中国已经全面落后。这个国家，科学知识程度极低，精英阶层对物质进步漠不关心，军队装备落后，民众生活贫穷，官场普遍腐败（马戛尔尼不能相信使团每天能花得了皇帝批下的一千五百两津贴）。

尽管出使并未签订任何条约，还花了七万八千五百二十二镑的旅费，作为赞助商的东印度公司却认识到此行极有价值："仅仅通过使团获取的情报，就远远可以补偿所花的费用。"说得没错，鸦片战争结束，中方赔给英国四百九十二万英镑，投资回报率惊人。

于是，让马戛尔尼像文明后进的"鞑靼人"一样，给一个凡人——哪怕他是中国皇帝——行三跪九叩的 kow-tow 大礼，似乎不太可能。法国学者佩雷菲特说，1793 年 9 月 14 日，清高宗在热河接见各国使节，其他人都对皇帝三跪九叩，唯有马戛尔尼没有拜伏，而是单膝下跪，向皇帝敬礼。"他希望以'大海的统治者''世界最强大的君主'（按，谓英国国王乔治三世）的名义，成为第一个以平等身份同中国商谈事务的大使。"

佩雷菲特撰《停滞的帝国——两个世界的撞击》，业称名著，在中国尤为著名，既然他说没有 kow-tow 这回事，那么，信者甚众。然而，台湾学者黄一农历考清廷秘档及西人手稿，有了新发现，他揭示，马戛尔尼所行之礼绝非单膝下跪那么轻。

这天，高宗在承德避暑山庄的帐殿接见外宾，其初，马戛尔尼随众在帐外迎接銮舆，"仿三跪九叩礼的过程""单膝下跪三次，每次三俯首深鞠躬"；入帐，在皇帝宝座前，"双膝下跪三次，每次，三俯首向地"；及至呈递国书，"拾级登上宝座所在之平台"，才行了单膝下跪礼。帐内宝座前的"双膝下跪""俯首向地"，最接近清代的叩首，只是前额未触地。如果"以头抢地"是kow-tow的关键，可以说，马戛尔尼当日行礼，只是伪作kow-tow。

继位的仁宗，当时以皇子身份从旁观礼，他眼明心亮，发现夷人只是俯首，没有抢地，不过"将就了此一事耳"。1816年，英国再遣阿美士德使团访华。此时，英国战胜法国，已经成为世界第一强国。阿美士德连疑似kow-tow都不愿施行，仁宗也隐约知道国步维艰，不拟强人所难，只要英使屈膝鞠躬，走个过场，便草草了事。孰知阿美士德已经到了圆明园，明知皇帝已经入座正在等他，却突然来了灵感，觉得中方对此行不够重视，竟要求改期觐见。仁宗不能再忍，只得下令将这队夷人驱逐出境。

再过二十余年，英国人又来了，只是，来的不再是使团，而是军舰。

日本间谍"洗白录"

日本明治三年（1870年）四月，佐田素一郎奉命出使朝鲜，与朝鲜建立正式外交关系。然而，朝鲜执政大院君认为日方来书文字"不逊"，拒绝建交。所谓"不逊"，是说书中有"皇""敕"字样；其时，朝鲜是清国的藩国，除了清朝皇帝，别的"皇"，朝鲜是不认的，别的"敕"，朝鲜是不受的。佐田未能完成使命，抱憾而归。

回国后，佐田向政府"建白"。他说，若将日本视作一座大城，那么，城市的"屏藩"并不是岛国的四至，而是包括"虾夷（北海道）、吕宋（菲律宾）、台湾、满清、朝鲜"在内的广阔边疆。"满清可交，朝鲜可伐"，而若朝鲜乞援于清，清国竟然赴援，"则可并清而伐之"，及至战而胜之，则"吕宋、台湾可唾手而得矣"。

拿这个战略与历史年表对照可知：1871年，清、日建交。1894年，日军劫持朝鲜国王，逼令朝鲜脱离清国而"独立"，清国军事干预，遂有甲午之战（"朝鲜可伐""若清必出援兵，则可并清而伐之"）。1895年，清国战败，将台湾割予日本（"台湾可唾手而得矣"）；1931年，日军占领中国东北，数年后，全面侵华；1942年，日本攻占菲律宾，则"吕宋、台湾、满清（已为中华民国）、朝鲜，皆皇国之屏藩也"。不过七十余年，佐田战略全部实现。

好战略，须执行有力方能奏效。日本欲"有事"于中国，必做前期准备；准备工作须秘密进行，则派往中国之间谍必多；间谍来华，必以经商、旅行、访学为借口；间谍回国须写报告，事后倘做公布，则其名必一变而称"游记"。中华书局近年出版《近代日本人中国游记》丛书，总序说得明白，这些游记大半是"以特殊使命或特定目的而出游的行役记"。

然而，在清、日缔交之初——日本外交的"古典亚洲主义"时期（1825—1891）——来华的间谍，又与通常的间谍形象有所区别。所谓"古典亚洲主义"，认为中日必须互相提携，联手对抗西方，与嗣后的"异变亚洲主义"与"侵略亚洲主义"不同。

曾根俊虎（1847—1910），即是极具"古典亚洲主义"特色的日本间谍。曾根对太平天国革命极为同情，也是"国父"孙文的"至友"，他怎么成了秘密搜集情报为入侵中国做准备的间谍？简言之，曾根既是"侦探家"，也是"兴亚家"。

在华期间，往各地侦探情报，曾根吃了不少苦头。夜里，住廉价旅馆，睡破烂草席，日里，乘陋车，奔走风尘，车子避震不好，"颠簸动摇，常常碰撞，轻者伤皮，重者流血"，而"马夫之狡黠，店主之巧诈"，尤令人防不胜防。然而，他不介意行旅的艰难，尝赋诗明志，云："虎儿三日气吞牛，事业须期第一流。排闷不要唤杯酒，铁蹄踏遍满蒙州。"首句典出《尸子》："虎豹之驹（幼兽），虽未成文（纹），已有食牛之气。"盖以乳虎比喻新兴的日本，个头虽小志气大，势能"吞"并清国这头羸"牛"，而"皇军"之"铁蹄"，行见踏遍神州大地也。读此可知，曾根来华，确是为侵华做前驱。

不过，还有"兴亚"的一面。他在西湖岳坟前默祷："东海一书生远道而来，表达钦佩之情。君如有灵，辅我微忠，振兴亚洲。"他给净慈寺和尚吾哲写信，说："中东两国（谓清、日二国），先为同心协力，兴亡相辅，然后推及亚洲诸邦，共相奋勉，俾能自强独立，庶可终雪会稽。"1880年，经曾根大力斡旋，在日本成立"兴亚会"，立会宗旨谓，亚洲被西方列强"掠夺"，亚洲人理应同心同德共振亚洲。其时，清国驻日外交官何如璋、黎庶昌等皆题名入会。后来，"兴亚会"更名"亚细亚协会"，继续倡导"日中提携"，强调"中、日两国的当务之急就在于合纵及收回利权"。即此而论，曾根又不失为积弱中国的好朋友。

那么，曾根表现出来的两种形象，孰真孰幻？读其1886年上伊藤博文（时为日本总理大臣）书，或能解开迷思。他说："清国与本邦仅隔一带水，非为辅我之良友，即为袭我之强敌。"以非此即彼的二元论定位国际关系，今世似不流行，但在民族主义思潮萌芽茁壮的百年以前，大有市场。曾根据此立论，毋庸厚非，然而，他又说："用兵略地，清国也；欲由贸易致富，亦清国也。"这才真相大白。中国能为自治之国，则当与之修好通商，各致富强；倘中国不能修明政治，积弱致乱，则不妨对之用武。掠夺殖民而致富，当然比贸易致富来得便捷。

曾根为侵华做"侦探"，而格于形势，其国不能立即发动侵略（"今日之清国，本邦无机可乘"），遂又提倡"兴亚"。二策看似凿枘，其实，不过是一枚硬币的两面。

十三行里的"老朋友"

鸦片战争以前的八十余年,广州是中国法定唯一的外贸港口。其时,在广州经营进出口业务的"民营"企业集团,称十三行。鸦片战争以前二十年间,怡和行是十三行中的老大。南海人伍秉鉴则是怡和的董事长兼首席执行官。

当日,伍氏常被称为浩官,或者沛官,其他行商首领也多在姓名字号以外有个这官那官的"商名",例如在伍氏之前先后占据广州外贸头把交椅的潘启官和卢茂官。"商名"中带个"官"字,不难想见其中官商勾结的紧密。以伍秉鉴们的商业谋略,不和官府勾结,他们的生意也不会差到哪儿去,难道是因为社会认同感不够,买个"官"名以混入主流社会吗?非也。起初,广州外贸被朝廷钦派的"皇商"垄断,伍秉鉴们并无准入权,但是,"皇商"们做生意乏善可陈:他们倒买倒卖,却常常亏掉本钱;他们广签合同,却常常延误交割。最后,"皇商"们山穷水尽,既没钱也没货,洋商一怒之下拒绝与其交易,转而与没有营业执照的伍秉鉴们做生意。"皇商"背后的政府坐不住了:法律哪能当儿戏?执照岂是一张废纸?于是,找了个台阶:"皇商"退出广州商界,由民营企业接任,只是,行商们还是要接受政府的管理和指导,并交纳比"皇商"多得多的各项公私税费。因此,伍秉鉴们也就不情不愿地变成了伍浩官们。

行商崛起，广州商界气象一新。在广州做了十几年生意的美国商人威廉（William C. Hunter），由衷地称赞他的清国贸易伙伴，说他们是"可敬可靠的生意人，他们恪守合同，性情宽厚"。守合同、重信用，固然可以参评消费者信得过单位，"性情宽厚"这种人格上的美德又从何说起？这得从洋泾浜英语说起。

伍秉鉴——不，得称伍浩官了——曾和一个美国商人做过生意；那哥们儿经营不善，血本无归，债台高筑。他在广州苦苦挣扎三年，欠浩官的七万美元也没能偿还分毫。某日，浩官找到他，掏出了那张七万元的本票，说：You and I are No.1 old file; you belong honest man, only got no chance（你是我最好的老朋友，人挺实诚，只是运气不好）。语毕，刺啦一声，浩官撕掉了本票，继续说：Just now have settee counter, all finished; you go, you please（现在债务一笔勾销，你回国去吧）。

七万美元，约当今日三百万元人民币，就这么一把扯掉了，你说是不是"性情宽厚"？当然，浩官曾自暴家底，说个人资产约合二十一亿元人民币，三百万元？小意思了。

"美人"小白的激荡人生

太平天国战争是中国内战，然而，参战的除了中国人，还有外国人，最著名者，一为美国人华尔（Frederick Townsend Ward，1831—1862），一为英国人戈登（Charles George Gordon，1833—1885）。二人事迹显明，而另有一人，则少知者，斯人即白齐文（Henry Andres Burgevine，1836—1865）。照中国传统算法，他仅活了三十年，不妨称他小白。

小白，法裔美国人，其父为北卡罗来纳大学教堂山分校的法语教员，一日，与校长争吵，被殴，伤重不治而亡。七岁，他随母移居华盛顿，家贫不能就学，稍长，入国会，为议员们跑腿打杂，赚点小钱补贴家用。小白志在四方，不乐以厮养终，遂弃职远游。自北卡出发，横贯大陆，抵加州，一无所获，未见其止。乃发愤，渡海，至夏威夷、至澳大利亚、至印度，途中，为水手、为邮局职员、为报纸编辑，略有历练，而终无所归。不得已，废然返国。行见以厮养终矣，适法国军方在美募勇，召族人赴欧洲与俄国战，小白谓，职场寥落，不如学战，于是入伍，时年十八岁。此役，即著名的克里米亚战争，土、英、法诸国胜，俄国败。小白在军中，以勇猛闻，获颁勋章。然而，咸丰六年（1856年）春，诸国签订和约终战，小白又失业。及至咸丰九年（1859年），我们才在上海再见小白。

其时，太平军在东南，战胜攻取，如火如荼。在上海的外国人对此深感恐惧，遂联络中国官绅，成立上海中外会防局，组练洋枪队，保卫上海。初，小白在上海做外贸生意，听说成立洋枪队，不觉技痒，乃向当局请缨。他的欧战履历令人印象深刻，主事者一致同意，任命小白为副队长，而队长即著名的华尔。洋枪队初期不过数百人，小白为指挥官，不仅运筹帷幄，还须决战前敌，不免受伤。同治元年（1862年）二月，在浦南肖塘镇，他被子弹洞穿小腹，几乎丧命。疗伤期间，他写了份禀帖，申请改换国籍，称"愿为中土编氓，听候中国官长管辖，如有过犯，亦请照中国法律惩处，此系自愿，并无后悔"。前此华尔亦改中国籍，且娶富绅杨坊之女为妻。

八月，华尔阵亡。美国公使浦安臣（Anson Burlingame，1820—1870）与小白有旧（老浦任国会议员时，小白即曾为他跑腿），极力赞成小白继任。此时，洋枪队已更名常胜军，又扩军至四千五百人，小白领此一军，好不得意。只是，小白的人生自此否极泰来。

东南地区大半为太平军占领，国家正规军近乎全面崩溃，在这个背景下，才建立常胜军，保卫上海。而随着湘军与淮军愈战愈勇，既具收复失地的实力，又成为实质的国防军——浦安臣曾向清廷建议，改编常胜军为"中央军"，不果——则常胜军这类雇佣军的战略位置渐形尴尬。论守，自李鸿章率师入苏，上海防务早已稳固。论攻，常胜军受制于诸国不介入中国内战的中立原则，不能肆意主动攻击太平军，而在实际战术操作上，常胜军苦于人数不多，能克城而不能守城，非与淮军合作不能奏功。最重要的则是论饷，常胜军费用远较湘、淮军为高昂，统帅曾国藩与李鸿章对此早已不满，一有机会，必然解散其军，将节余兵饷取为己用。

形势如此，而性格不合也是招祸的原因。小白尝与淮军第一名将程学启争功，发誓要率军攻入开字营，将学启揪出来，施以惩罚，且扬言，学启的老大李鸿章倘若不主持公道，也要一并捆起，押去上海游街。鸿章固然是学启的老大，依组织原则，他也是常胜军的老大啊！小白这话，过了。国藩曾问鸿章，汝去江苏，将如何与夷人打交道？鸿章答，学生自有一副"痞子腔"对付他们。孰知鸿章未开腔说痞话，小白先撂下狠话，那就怨不得鸿章下黑手了。

其时，湘军攻南京不下，国藩命鸿章调开字营助攻。鸿章接信，承诺赴援，所调之部却非开字营，而是常胜军。同时，鸿章遣英国军官任常胜军参谋，玩弄狡狯，以为牵制计——常胜军中，英籍官兵一千八百五十人，法籍四百人，中国籍二千三百人，英国外交官早看不惯由一个美国人统率这支军队，故力挺鸿章的"掺沙子"之策。此外，对此军勒饷吝赏，亦是鸿章的惯技。经此折磨，常胜军军心涣散，以致小白奉到调令，却无法指挥如意。高级军官联名上书，以饷欠为由，拒不开拔。小白无奈，只得亲去上海，解决财务问题。军饷由泰记钱庄杨坊负责发放，小白找到他，问何日放饷。坊云，钱已备妥，将军定下何日启程，本庄即何日付款。这边说有钱我才出发，那厢说先出发你才拿钱。这就是痞子腔，故意耍流氓呢。小白怒，抬手就是两记耳光，再搜出四万银元，拿去军中发饷。这事一出，何尝不是鸿章与英国人乐见的结局呢？鸿章旋以"殴官违令"，通缉小白。当然，也不是真要锁了他，令其知难而退，也就罢了。

一夜之间，从统帅变成逃犯，情何以堪。一怒之下，小白投了太平军。打人，是性格不好；抢钱，尚情有可原。投敌，性质就严重了。小白知其误，不过一月，即与新任常胜军队长戈登联络，取得谅解，离开了敌营。只是，经此反复，军人的荣誉已被玷污，至少在中国，军界是没的混了。后经美方调解，中方撤销对小白的通缉，以永不录用驱逐出境结案。其后，小白去日本、美国混了一阵，极不如意。洋装虽然穿在身，我心依然是中国心，同治四年春，小白竟又潜回中国。

太平天国已经覆亡，只有残部在闽、粤负隅。小白不知如何设想，悍然决定再度投奔太平军。不幸的是，他被相识的英国人检举，扭送至淮军郭松林部。援例，可以将他交给美国领事押解出境；鸿章却命松林将其押至闽浙总督左宗棠的行辕接受审讯。据鸿章奏报，闰五月初四日，押运小白之船，驶经浙江兰溪，"风大水急，翻船溺毙"。

消息传到北京，代理美国公使卫三畏说：假若他们故意淹死他，他们为自己和美国省去了不少的麻烦。此前，他致书国务卿，云："一个美国人竟然表现出这样恶劣的姿态，真使我感到耻辱。"

火烧圆明园

1860年9月下旬，从北京刑部大牢不时传出歌声，仔细一听，唱的是 God Save the Queen（天佑女王）。唱歌的人叫巴夏礼，英国人，9月18日傍晚，他被清兵押送至狱。与他一同被捕的，有亨利·洛奇，是英国驻华公使额尔金的私人秘书。二人分监收押，不能知道对方的生死，于是，巴夏礼高唱国歌，若听到应和，则知洛奇仍然活着。吾人看红色电影，知道革命先烈曾在反动派的监狱以《义勇军进行曲》为联络、互勉的工具，可想不到数十年前早有外国侵略者在封建王朝的监狱运用同一桥段。

当时，巴夏礼已是赫赫有名的"夷酋"，尽管他的职务不过是额尔金的秘书。早在1842年，中英签订《南京条约》，14岁的巴夏礼出现在签约会场，作为驻华公使璞鼎查中文秘书马儒翰的助手，被"非常正式地介绍给（大清）帝国的代表团"。1857年，英法联军攻克广州——此役的导火索"亚罗号事件"，即由巴夏礼策划——建立傀儡政府，由英、法"三人委员会"监管，而巴夏礼是委员会的主脑。两广总督黄宗汉——并不能进入广州行使职权，可称"流亡总督"——曾悬赏三万两银子，购取巴夏礼的首级。1858年，英法联军北上，以武力胁迫清廷签订《天津条约》，身在广州的巴夏礼认为英国过于"软弱"，对于未能让清廷同意在北京开办使馆及英国外交官入宫觐见皇帝，感到遗憾。

1860年春末，英法联军以清廷未能履约为词，再次发难，巴夏礼索性放弃英国驻上海代理领事之职，"投笔从戎"，以额尔金私人随员的身份随军北上。这年8月24日，天津沦陷，联军照广州模式，在天津实行"军管"，命清方官员留任处理日常事务，巴夏礼再次受命，负责监管这些官员。不过，与广州长达三年的"托管"不同，英、法对占据天津并不感兴趣，他们的目标是去北京换约。所谓换约，是指中美《望厦条约》、中法《黄埔条约》（1844）规定，签约十二年之后，缔约方可就"所有贸易、海口各款"，重新谈判，及至谈妥，则交换协议文本。表面上看，不过是两国商谈，交换公文，而实质则是列强借机扩张权益。然而，清廷并不特别在意通商、赔款、税收、外国人管辖权等方面的权益损失，而对各国开办驻京使馆及外使面见皇帝的"虚文"，却坚执己见，不愿让步。

巴夏礼与威妥玛（额尔金秘书）会见直隶总督恒福，提出天津开放为通商口岸，增加战争赔款，并要求清廷同意巴夏礼率十数人入京为换约做准备。如前所述，通商赔款，清文宗没啥意见，但对夷人率军入京换约及巴夏礼先期入城，则谕令禁止。既已兵临城下，联军哪会听劝，9月9日，开拔向北京进军。文宗怕了，16日，遣恭王与巴夏礼、威妥玛会谈，原则上同意英法代表各带四百人的部队入京换约。只是，次日，巴夏礼与怡王载垣、兵部尚书穆荫商量入京细节，巴夏礼坚持英法公使向皇帝亲递国书，清方代表未获授权，断然不肯接受。又谈崩了。难道继续上演进兵—谈判—进兵的戏码？双方都没这个耐心。

18日，巴夏礼依约去访载垣，进行最后谈判。孰料，在张家湾遇到清军总司令僧格林沁，竟被捉了。这可不是将在外君命有所不受，而是由最高层授意的。清廷认为，巴夏礼在洋人中，"情辞尤为桀骜"——近代以来，越是所谓"中国通"，对中国出招越刁钻、下手越狠毒，这个道理不深奥，稍稍一想，即可明白。巴夏礼就是这类"中国通"的杰出代表，说他"尤为桀骜"，没错。错的是，清方误以为巴夏礼"善能用兵，各夷均听其指使"，抓他做人质,"该夷兵心必乱"。

于是,当巴夏礼在僧格林沁马前被推倒跪下,挣扎着表明身份,抗议清军不该粗暴对待和谈代表时,僧格林沁不耐烦地打断他,问,昨日会面,为何你不好好谈,非要坚持面见皇帝,破坏和议?巴夏礼深感无奈,答,我一切奉命而行,并无撤销谈判条款的权力。僧格林沁怒曰:本王耳闻汝名久矣,别以为不知道你的能量,正是你鼓噪,你军才悍然进攻,速速为我写信,劝他们停战,不然饶不了你。巴夏礼鼓起勇气,拒绝讹诈,答,真不骗你,不管我写什么,我军都不会停战。僧格林沁慌了,说,看来你是敬酒不吃要吃罚酒。随即将他装入囚车,送往刑部大牢,并在当晚对他实施了刑讯。巴夏礼固然是殖民帝国主义的走狗,可同时也是条汉子,他未屈服于暴力。

次日,威妥玛通知清军,所有被俘英法人员必须立即无条件释放,否则联军立马进攻北京。清廷这下知道误判了形势。22日,将巴夏礼从关押刑事犯的大牢移至专为高级官员准备的小牢房,并于当天及26、28日,遣前任粤海关监督,也是巴夏礼老相识的恒祺,去做思想工作。29日,又将巴夏礼从监狱迁至一处祠堂,沐浴更衣,好吃好喝伺候着。然而,联军软硬不吃,陆续发来强硬的信息。10月3日,威妥玛致书巴夏礼,请他向清方转达:如果囚犯受到任何伤害,"我们就把北京城从一边烧到另一边"。

6日,经与恭王一夜密商,恒祺见巴夏礼,称情愿接受英、法的条件,请巴夏礼写下字据,声明若释放全体囚犯则联军不再报仇。7日,联军发动进攻,占领颐和园。8日9点钟,巴夏礼见恒祺,建议北京开城,延入联军,或不致扩大战事。恒祺答,这不可能。无话可谈,巴夏礼聊起天文学,譬如地球是不是绕着太阳转。一屋清官,安安静静,坐着喝茶,听这个英国人搞科普。扯了3个钟头,正午,信使至,恒祺听毕汇报,说,恭王决定在午后2时以前放人。巴夏礼鞠躬致谢,随后,继续谈论月球是否自转。1点钟,恒祺打断巴夏礼的科普,派人护送包括巴夏礼在内的13位外宾离开。巴夏礼坐在蒙着黑布的手推车里,默默感念,认为自己"欠了恒祺的情,事实上他是一位真诚的朋友"。战争结束后,恒祺向巴夏礼解释了10月8日的秘密。时已逃至热河的清文宗收到最后通牒,知道人质换和平计划完全破产,方寸大乱,竟然决意尽快处死外国囚犯。恒祺在热河的内线向他报告此事,他紧急联系恭王,请下令尽快释放囚犯(恭王全权负责"夷务"),不要因为接受"乱命"而搞得局面不可收拾。恭王从之。那一天,巴夏礼离开不过15分钟,来自热河宣布死刑令的钦差就到了。

当时被俘的英法人士共计39人,21人死于监狱。巴夏礼虽然生还,却认为不能"对中国当局犯下的残暴罪行视而不见",必须予以惩罚。"我们的敌人只是中国皇帝",而"圆明园就像我们的白金汉宫",是皇室的财产与象征,烧掉圆明园,也就仅仅惩罚了皇帝,而不致伤害无辜的人民。

10月18日,额尔金下令火烧圆明园。